EM BUSCA DE
RESPOSTAS

Histórias reais que vão te emocionar!

© 2017 por Zibia Gasparetto

Coordenadora editorial: Tânia Lins
Coordenador de comunicação: Marcio Lipari
Capa e projeto gráfico: Jaqueline Kir
Preparação e revisão: Equipe Vida & Consciência

1ª edição — 2ª impressão
5.000 exemplares — novembro 2022
Tiragem total: 65.000 exemplares

CIP-Brasil — Catalogação na Publicação
(Sindicato Nacional dos Editores de Livros, RJ)

G232b

      Gasparetto, Zibia M. (Zibia Milani), 1926-
      Em busca de respostas / Zibia Gasparetto. - 1. ed. -
      São Paulo : Vida & Consciência, 2017.
      224 p. ; 21 cm.

      ISBN 978-85-7722-551-4

      1. Autorrealização. I. Título.

17-45606
                      CDD: 158.1
                      CDU: 159.947

Todos os direitos reservados. Nenhuma parte desta edição pode ser utilizada ou reproduzida, por qualquer forma ou meio, seja ele mecânico ou eletrônico, fotocópia, gravação etc., tampouco apropriada ou estocada em sistema de banco de dados, sem a expressa autorização da editora (Lei nº 5.988, de 14/12/1973).

Este livro adota as regras do novo acordo ortográfico (2009).

Vida & Consciência Editora e Distribuidora Ltda.
Rua das Oiticicas, 75 – Parque Jabaquara – São Paulo – SP – Brasil
CEP 04346-090
editora@vidaeconsciencia.com.br
www.vidaeconsciencia.com.br

EM BUSCA DE
RESPOSTAS

Histórias reais que vão te emocionar!

ZIBIA GASPARETTO

INTRODUÇÃO

Ninguém está só! Seja qual for o caminho que você escolher, sempre estará ao seu lado um espírito de luz, um amigo espiritual, inspirando-lhe bons pensamentos, fortalecendo-o nos momentos difíceis e colocando em seu caminho pessoas que o auxiliem a atravessar os desafios do amadurecimento. São seres que sentem prazer em dar amor e plantam o bem com dedicação e alegria, mas respeitam o arbítrio de cada um.

O poder de escolha é a força do espírito. Você é livre para escolher como quer viver. Pode experimentar o que quiser, e a sabedoria divina responderá no momento certo com o resultado de seus atos.

Se você acredita em "crime e castigo" e imagina que Deus em sua imensa grandeza o esteja vigiando, chegará o dia em que descobrirá que sua consciência é seu único juiz e que seu espírito é eterno. Você poderá ir pelo caminho do mal, da destruição e, quando não suportar mais o peso de sua dor e matar o próprio corpo, descobrirá que ainda continua vivo. Então, só lhe restará fazer o caminho de volta: aprender o valor da vida, tornar-se uma pessoa melhor, desenvolver seus dons e conquistar o prazer de viver.

O poder de Deus é muito maior do que você imagina. Ele trabalha sempre criando mundos, seres e vidas, na sustentação do universo. Nós somos seus filhos amados, e Ele nos criou à sua semelhança (somos deuses). Somos simples (Ele colocou dentro de nós, em estado latente, todos os elementos de que precisamos para evoluir) e ignorantes (não sabemos como a vida funciona). Deus nos deu o poder do arbítrio e deixou-nos livres para escolher caminhos, experimentar, aprender a viver e, com essa atitude, nos tornou dignos de criar o próprio destino. Em cada um colocou vocações para que pudessem colaborar e contribuir com o progresso da humanidade.

A vida tem leis funcionais que regem tudo e só trabalham por mérito. Quando você busca algo e consegue, encontrou o caminho certo. Você comemora, sua força cresce. Quando erra, você se deprime. Esse não é o melhor caminho. Reaja! Não alimente essa energia. O erro ensina mais que os acertos. A experiência é positiva e apenas nos mostra que precisamos mudar o rumo. Analise melhor o assunto, tente ir por outro caminho tantas vezes quantas forem necessárias e persista até obter o que quer, afinal, você tem a eternidade pela frente e sabe que um dia conquistará o progresso. Só consegue vencer quem assume o controle da própria vida, busca conhecimento e se esforça para realizar a própria felicidade.

Hoje, tenho a certeza absoluta sobre todas essas coisas. Estou dividindo minhas experiências com você porque é hora da mudança. Chegou o momento de levantar o véu que cobre as verdades eternas do espírito.

Desde o início da civilização, os espíritos de luz trazem aos homens as provas da eternidade.

Sabendo disso, comecei esta pesquisa sobre o trabalho que eles fazem desde o princípio dos tempos, interferindo nos problemas humanos. Os casos que recebi e continuo a receber são tantos que resolvi reuni-los em um livro sobre o assunto.

Quero fazer um agradecimento especial a todos aqueles que relataram os casos ao longo da vida, porquanto me baseei neles para relatar minhas conclusões.

Estou feliz por realizar este trabalho, porque sei que todos estamos em busca de respostas que nos tragam esclarecimento, luz e paz.

Um abraço,

Zibia Gasparetto

SUMÁRIO

1 – Avisos reais 10
2 – Aborto 16
3 – Encontro marcado 22
4 – Descuido 28
5 – Amigas 34
6 – Adeus 40
7 – O buquê 46
8 – Adeus aos preconceitos 50
9 – Regressão 58
10 – Febre de leite 64
11 – Nódulo 68
12 – Anel de brilhantes 74
13 – A visão 80
14 – Suicídio 86
15 – O preparo 92
16 – Solicitação 96
17 – Fé 102
18 – O emprego certo 106
19 – Um grande vazio 110
20 – Anencefalia 114
21 – Incêndio 120
22 – Coágulo 124

23 – Recobrando a saúde 128
24 – Fique em paz 132
25 – Uma proteção incrível 138
26 – Explicações 142
27 – Bico de papagaio 146
28 – O pedido 150
29 – O acidente 156
30 – O ônibus desgovernado 162
31 – Fumaça 166
32 – A verruga 170
33 – Vovó Marieta 174
34 – Voltei pra contar! 178
35 – O pinheiro 184
36 – Aparição 188
37 – Amigo iluminado 192
38 – Coincidência 198
39 – Mistérios 202
40 – Estranhas sensações 206
41 – Lições da vida 210
42 – A mulher da saia rendada 214
Comentário final 220

1
AVISOS REAIS

Tudo começou em meados de 2005. Gláucia teve um sonho muito interessante. Pisava em imagens de santos, destruía altares de igrejas que se encontravam em ruas de terra e, à medida que fazia isso, sentia que se seus pés esfarelavam essas imagens. Seu coração estava leve, solto, livre. Uma sensação maravilhosa e estranha ao mesmo tempo.

Seus pais eram católicos praticantes e até ajudavam na igreja, e ela os acompanhava, principalmente nas missas de domingo, nas quais sempre fazia a leitura do Evangelho. Depois desse sonho ela começou a sentir necessidade de saber mais sobre o espiritismo.

Desde muito cedo ela tinha sonhos premonitórios e, às vezes, sentia vibrações fortes, avisos de algo que estava para acontecer.

Gláucia morava com seus pais e uma irmã, eram todos unidos e muito felizes. Brincavam, riam, estavam sempre juntos. Na hora das refeições e nos fins de semana era uma festa, pois faziam piada de tudo, davam-se muito bem. Todos admiravam a união deles. Mas em outubro daquele ano, seu pai adoeceu e teve de ficar hospitalizado por algum tempo, já que seu coração estava muito fraco. Foi uma tristeza só. Ele ficou internado por todo o mês de outubro. Apesar de ter dias e horários certos para as visitas, Gláucia o visitava todas as noites.

Enfim, no início de novembro ele teve alta, e todos ficaram muito felizes. A alegria voltara aos seus corações. Mas, certa noite, Gláucia teve um sonho que a deixou muito triste. Ela e seu pai entravam num túnel branco e, de repente, ela se via presa ao chão sem conseguir prosseguir. Seu pai continuava caminhando e ela, desesperada, gritava e chamava por ele. O túnel se fechou, uma porta se abriu e uma moça disse a ela:

— Ele vai. Você, não.

No dia seguinte, Gláucia contou o sonho para a irmã e um amigo. No fundo ela já sabia qual era seu significado, porém não queria acreditar, estava muito emocionada e lhe foi difícil contar até o fim. Tudo havia sido muito real e seu coração estava apertado.

Durante o dia vários problemas aconteceram na empresa em que ela trabalhava, por esse motivo demorou a chegar em casa. Lá chegando, encontrou sua mãe angustiada, pois seu pai não havia passado nada bem. Desesperada, tomaram um táxi com destino ao hospital.

Lá, souberam que seu pai tivera um acidente vascular cerebral. Ficou na UTI por uma semana, respirando artificialmente. Todos ficaram apáticos em ver o sofrimento dele. A mãe de Gláucia não se conformava e um dia não teve coragem de entrar para visitá-lo. Entraram apenas Gláucia e a irmã. Dirigindo-se ao leito do pai, Gláucia lhe falou:

— Papai, não se esqueça. Nós o amamos muito. Agradeço por tudo o que nos ensinou e fez por nós. Pode seguir seu novo caminho em paz e com alegria. Um dia, se Deus quiser, vamos nos encontrar. Farei tudo por nossa família e continuaremos unidos como sempre.

Nesse momento, uma lágrima rolou dos olhos do pai e ele fez sim com a cabeça, pois os movimentos do corpo estavam bem comprometidos. Naquela madrugada, o pai de Gláucia faleceu.

Após o enterro, Gláucia sentia um grande vazio. No quarto, começou suas orações e, de repente, viu seu pai num canto, acenando para ela, sereno e tranquilo. Uma grande paz invadiu seu quarto e ela pôde descansar por algumas horas.

Passado mais de um ano, em novembro de 2006, Gláucia teve outro sonho. Caminhava por uma calçada e entrava num salão em que acontecia uma festa de casamento. As pessoas vestiam-se bem e falavam baixinho.

Ela avistou um grande bolo sobre uma mesa, no qual havia dois bonecos representando um casal de noivos. O homem vestia terno e gravata, mas a boneca, em vez de branco, trajava um vestido preto. De repente, seu pai chegou e colocou em suas mãos, sem nada dizer, uma rosa vermelha, flor que sua mãe mais gostava.

Nesse momento ela acordou. Sua mãe desencarnou depois de uma semana.

Passados três meses, Gláucia sonhou com a mãe e ficou muito feliz. Estava sentada em um banco, no meio de um jardim florido, repleto de rosas vermelhas. Nisso ouviu a voz da mãe. Ela estava muito bem vestida, mais jovem e alegre. Mas quando seus olhares se cruzaram, Gláucia acordou. Ela tem certeza de que sua mãe estava sendo muito bem cuidada, certamente num hospital do mundo espiritual. Ela agradeceu muito a Deus por todos esses sonhos e bênçãos. Sempre recebeu o conforto da espiritualidade maior. Atualmente, estuda a espiritualidade, procura praticar o bem e contribuir para a melhoria dela e do próximo.

Comentário

Durante a noite, o espírito de Gláucia saía do corpo e mantinha contato com os espíritos amparadores. Eles exercem a função de proteger, esclarecer e auxiliar. Inspiram bons pensamentos, comparecendo durante o sono quando precisam passar uma mensagem, acalmar, prevenir ou mostrar algo que a pessoa precisa entender; ou mesmo levá-la a uma viagem astral para renovar suas energias.

Como ainda está ligada ao mundo físico, a lucidez da pessoa durante o sonho vai depender

dos fatores emocionais que interferem no processo e do conhecimento que ela tem sobre a vida espiritual.

Há outros tipos de sonhos, que são reflexos dos problemas emocionais [são chamados psicológicos], que mostram coisas que a pessoa faz, mas não quer ver. Também as ilusões, os medos, a depressão e os dramas atraem a presença de espíritos perturbados ou maldosos; se a pessoa não buscar ajuda, podem conduzir à síndrome do pânico.

O sonho de contato com os espíritos é muito diferente de todos os outros. É tão forte que nos dias que se seguem, a pessoa se recorda daqueles momentos. É uma vivência, um encontro que precisa ser lembrado.

Esses foram os sonhos que Gláucia teve; além de auxiliá-la a aceitar e superar as mortes das pessoas queridas, deram-lhe a certeza da eternidade e transformaram sua vida.

Saber que somos eternos, que a morte é apenas uma viagem, que tudo está certo e do jeito que deve ser, conforta e traz paz.

2
ABORTO

Amélia tinha uma filha de dois anos, fruto de seu casamento. Nessa época ela estava vivendo um momento muito difícil. Ela e o marido haviam comprado um apartamento, deveria ser pago em poucos anos. Mas ela sentia que seu casamento não ia durar muito tempo, tinha medo de engravidar e dizia, sempre, caso acontecesse, abortaria.

Depois de alguns meses, aconteceu o que ela mais temia. Ela engravidou. Não sabia o que fazer nem como resolver.

Na noite em que descobriu estar grávida, fez uma viagem astral, por meio de um sonho. Ela chegava a um lugar lindo com muitos prédios e igrejas. Sentada numa praça, pôde observar a beleza das flores e percebeu que nunca havia visto nada igual, era tudo muito lindo. Encantada com o local, pensou: "Não vou mais embora daqui, tenho de arrumar um emprego!".

Nesse momento, apareceu uma mulher simpática e lhe disse:

— Sou sua tia Alzira, estou muito feliz em revê-la. Você quer fazer uma consulta médica?

— Gostaria — respondeu Amélia, também sentindo uma grande emoção.

Amélia foi levada a outro local, mas no caminho pôde observar vários lugares, abismos, tudo a deixou com muito medo.

Diante de um prédio, a mulher informou-a:

— Até aqui eu tenho livre acesso, daqui para frente você vai entrar sozinha.

Andando a passos largos, Amélia chegou a uma sala e aguardou o médico. Atrás dela havia muitas pessoas enroladas em lençóis brancos que se debatiam, era horrível.

O médico a examinou e falou:

— Você vai pingar e fazer gargarejo com água oxigenada de dez volumes.

Nisso, Amélia lembrou-se de sua intenção de fazer o aborto e de voltar àquele lugar do início, onde tudo era muito lindo.

— Nem pense nisso. Você está vendo o sofrimento dessas pessoas? Elas praticaram o aborto e o suicídio. Você tem de voltar para junto da sua família por causa dessa criança — disse o médico, colocando as mãos sobre seu braço.

Ela então fez o caminho de volta com o médico. Ele lhe deu uma chupeta cor-de-rosa, mas o objeto caiu de sua mão e afundou no precipício.

De volta à praça, ele lhe disse:

— Eu fui um conhecido médico no Rio de Janeiro.

— E, por acaso, conheceu minha mãe? Será que ela está bem? Dê-me notícias dela.

— Eu não sei dizer nada a respeito de sua mãe.

Assim, ele a levou até a saída daquela cidade e ela passou por um enorme portão que a trouxe de volta.

Apesar de tudo, Amélia teve sua filha e, depois de dois anos, teve outro filho; é muito grata ao plano espiritual e a Deus.

Comentário

A reencarnação de um espírito é um processo delicado. Ele precisa passar pela redução do corpo astral para que o corpo de carne, a ser gerado, tenha todas as características específicas de que precisará para poder atuar, preencher as necessidades de progresso do espírito.

Ao mesmo tempo, nesse período, ele terá de se preparar emocionalmente, conforme os problemas que ainda tem e o progresso que almeja alcançar.

O corpo de carne que cada um tem foi feito exclusivamente para aquela pessoa pois, na gestação, é o corpo astral do reencarnante que se une ao óvulo fecundado e gera o novo instrumento que ele usará para viver neste mundo. Especialistas do assunto auxiliam os reencarnantes nesse processo, durante o qual eles irão perdendo a lucidez, que pode ser maior ou menor, conforme o nível de evolução que se tem.

Por outro lado, à medida que o momento de nascer se aproxima, os espíritos têm muito medo de nascer. Sabendo que vão esquecer o passado, enfrentar o desconhecido, testar seus conhecimentos, suas conquistas, assumir a responsabilidade de escolher o próprio caminho, alguns querem desistir. Há casos em que o bebê enrola o cordão umbilical no pescoço na hora de nascer, será a vontade inconsciente de fugir? Eu mesma vi casos em que na hora do parto, mesmo tudo estando normal, o espírito em vez de querer sair, subia na barriga da mãe. Felizmente todos estão sendo auxiliados por espíritos e conseguem vencer o medo.

O aborto é um ato de agressão onde o feto é ferido, feito em pedaços, em um momento em que não terá como se defender. Além disso, ainda estará destruindo todo o trabalho de preparação, sendo que os pais foram programados, e em tudo há um esforço para que os envolvidos possam rever não só os problemas passados como também melhorar o senso de realidade e aprender a viver melhor.

Percebendo que Amélia tinha a intenção de abortar, seus mentores espirituais a levaram para sentir um pouco o sofrimento do espírito que, durante o processo de reencarnar, é arrancado e mutilado, impedido de nascer. Essa violência desequilibra todo seu corpo astral, que vai precisar de tratamento para se recuperar. Alguns deles perdoam, mas há os menos evoluídos que se tornam inimigos e desejam vingar-se.

Mas como todos nós somos eternos, esperamos que um dia quem não quiser ter filhos, use os recursos disponíveis, e seja feliz.

3
ENCONTRO MARCADO

Cláudia era muito jovem e já morava sozinha em um apartamento no bairro de Pinheiros, em São Paulo. Nesse lugar teve mais alegrias do que tristezas.

Ela e uma amiga sempre saíam para passear no badalado bairro da Vila Madalena. Num desses passeios, elas conheceram uma turminha de rapazes. Sua amiga sempre procurava beleza exterior, porém ela se preocupava com outros atributos.

Carlos tinha porte atlético e era muito simpático, o que cativou Cláudia. Marcaram um encontro para logo mais à noite. Trocaram telefones e ela ficou ansiosa para vê-lo mais tarde.

Cláudia teve a impressão de que Carlos tinha câncer, pois seus cabelos ralos não se pareciam com os de pessoas sadias. À noite, quando o celular vibrou, ela estremeceu, parecia ser seu primeiro namorado. Ele falou:

— Gata, a que horas passo aí para te pegar?

— A hora que quiser, eu só quero te sentir bem próximo de mim — respondeu Cláudia.

Nessa noite, Carlos contou-lhe o que estava acontecendo com ele. Tinha câncer no intestino. Ele morava em uma cidade pequena do interior, estava se separando e não tivera filhos com a mulher. Depois de exames de rotina, sem saber que estava com câncer, seu médico deu o diagnóstico e o mandou para São Paulo, pois na capital ele teria mais condições de se tratar. Sua esposa veio também, mas, com o passar do tempo, eles oficializaram a separação e ela seguiu, livre para encontrar outro companheiro e ser feliz. E foi o que ela fez.

Cláudia viveu dias de muita felicidade ao lado de Carlos, rapaz muito alegre que nunca se deixava abater pelos tratamentos nem pela dor. Estava sempre bem-humorado, com um sorriso nos lábios e uma palavra de consolo para quem precisasse. Eles passeavam muito, viajavam para a praia e se amavam com os olhos, com o coração.

Decidiram viver juntos e Carlos mudou-se para a casa de Cláudia. Sabendo de sua condição e, apesar de amá-la bastante, ele sempre a incentivava para que conhecesse outra pessoa; não gostaria de deixar a pessoa que mais amava, triste e sozinha. Ele tinha apenas trinta anos e ansiava pela cura.

Uma semana antes de ele desencarnar, viajaram para a praia. Divertiram-se bastante no fim de semana e, mesmo sentindo dores, Carlos não reclamou. Mas no domingo, já não aguentando mais, pediu a Cláudia que voltassem para casa. Chegando a São Paulo, ele foi direto para casa de seu irmão e lá ficou, trancado no quarto de hóspedes, sentindo muitas dores.

Cláudia pressentia o pior. Todos os dias que se seguiram, ela saía do trabalho e passava na casa do cunhado para conversar e saber como Carlos estava. Na semana seguinte, ele já estava muito mal, sem conseguir se levantar; Carlos olhava para ela como se estivesse se despedindo. Seus olhos estavam mais opacos e ele chorava. Com um grande aperto no coração Cláudia foi para sua casa. No dia imediato, Carlos começou a passar mal e o internaram, porém Cláudia não foi avisada. Ela ligava para a casa do irmão dele e ninguém respondia. Anoiteceu e seu desconforto foi aumentando. Quando se aproximava das oito da noite, ela sentiu muito sono e ouviu passos vindos da sala para seu quarto. Não conseguia se mover, levantar o corpo, parecia anestesiada.

Deitada na cama, em posição fetal, sentiu um abraço muito forte, um cheiro de flor, uma carícia gostosa e ouviu os passos saindo. Acordou caindo da cama. Dormiu novamente até às duas horas da manhã, quando seu celular tocou e o irmão de Carlos avisou sobre seu falecimento. Ele tinha morrido às oito e meia da noite anterior.

Depois de um mês de sua morte, Cláudia sempre presenciava, às seis da tarde, a rede onde ele se deitava, na varanda, movimentando-se. Um dia, começou a explicar ao espírito de Carlos o que havia acontecido e pediu que ele procurasse orientação no plano espiritual para ser ajudado, ter luz.

Ela falou muitas coisas bonitas e a partir desse dia a rede nunca mais se movimentou sozinha.

Comentário

Ninguém está só. Em todos os momentos, os amigos espirituais auxiliam, conforme podem, fortalecendo, aliviando, inspirando o melhor. Ao desencarnar, espíritos socorristas recebem quem chega. Conforme a necessidade, convidam o espírito para irem ao lugar onde receberão tratamento para restaurar o equilíbrio. Esse seria o caminho melhor.

Todavia, muitas pessoas ao deixarem o corpo ainda estão muito ligadas às experiências vivenciadas no mundo, preocupando-se com os que ficaram, com as coisas inacabadas, com o medo do futuro, recusam-se a ir com eles, preferem continuar no ambiente familiar.

Os espíritos não interferem nas escolhas. Esperam que eles reconheçam que não podem fazer nada mais pelos que ficaram. Além disso, ao permanecer no mundo material, eles continuarão sentindo os sintomas da doença, prolongando seus sofrimentos. Então, eles mesmos suplicarão pela ajuda e aceitarão ir para onde devem ficar.

A morte é natural e todos no mundo terão de voltar para sua casa no astral. É um processo irreversível e é preciso aceitar aquilo que é.

Dramatizar, querer que a pessoa volte só vai dificultar o equilíbrio de todos, alimentar o sofrimento, inutilmente.

Quando Carlos morreu, não quis ir embora. Permaneceu na casa de Cláudia, sempre às seis da tarde, deitado na rede, conforme o hábito que tinha em vida. Há pessoas que têm dificuldade de deixar o que gostam. Deitado na rede, Carlos se sentia tão bem que conseguia movimentá-la. Mas o amor de Cláudia era inteligente. Ela sabia que seria melhor ele seguir adiante, indo para o lugar que lhe estava destinado, onde seria mais feliz.

Então, ficou diante da rede onde ele balançava e explicou-lhe que já havia deixado o corpo. Que a separação era temporária e um dia estariam novamente juntos. Ele entendeu, aceitou o convite dos amigos espirituais e foi embora.

Esse fato provou a Cláudia que a vida continua e que tudo acontece do jeito certo.

4
DESCUIDO

Quando Ricardo, o filho de Julia, tinha três anos ela o colocou numa escolinha perto de casa. E logo Julia fez amizade com várias mães. Uma delas chamava-se Hilda. A amizade entre ambas durou muitos anos.

Certo dia, Julia recebeu uma ligação de Hilda, falando-lhe de um acidente que ocorrera com o filho da sua vizinha. O menino havia morrido afogado na piscina do condomínio após uma congestão alimentar. Foi muito difícil para os pais entenderem e aceitarem a morte do filho. Hilda chamou a amiga para irem juntas ao velório. Pediu que Julia conversasse com Ana, mãe do garoto.

Julia foi e levou o livro de Salmos para orar. No velório ela passou mal e percebeu que o menino precisava de ajuda. Começou a conversar com ele, tentando acalmá-lo. Foi também confortar Ana, a mãe, e daí nasceu também uma grande amizade.

Julia só viu o menino naquele dia, muito rapidamente, no caixão.

Ricardo, já nessa época, estava com dezesseis anos. Um dia, quando ele estava se preparando para ir para o colégio, Julia teve uma visão. Nós pés de sua cama estava um menino de cerca de dez anos, com uma camiseta azul e um boné com a figura de um ratinho, olhando-a e fazendo gestos peculiares com os dedos das mãos e com a cabeça. Muito assustada, ela perguntou:

— Quem é você? O que está fazendo aqui? Vem cá, moleque.

Nisso, saiu correndo atrás do garoto, mas ele foi para o quarto de Ricardo.

— Quem é esse menino que está em seu quarto? — indagou ao filho.

— Mãe, não tem ninguém aqui comigo. Estou colocando o material na mochila e me preparando para a escola.

— Ricardo, não minta para mim. Antes de ser sua mãe, sou sua amiga. Pode falar que eu não vou brigar com você. É seu amigo? Tudo bem, só me avise. Ele estava lá no meu quarto.

— Já te falei, não tem ninguém aqui, ele não veio para o meu quarto, mãe. Pode vasculhar à vontade. Você está sonhando.

Depois disso, Ricardo apanhou a mochila, despediu-se e foi para o colégio. Julia acabou adormecendo, sendo acordada algumas horas depois pelo toque do telefone. Era Hilda, que se dizia muito preocupada com ela. Julia então lhe contou o que havia acontecido naquela manhã.

De repente, ouviu sua amiga soluçando do outro lado da linha, dizendo-lhe:

— Era o Jonas.

— Que Jonas, Hilda? Não conheço ninguém com esse nome.

— É o filho da Ana, lembra-se?

— Não era ele. Nem o conheci. Além do mais, você sabe que não gosto muito de ver pessoas desencarnadas. Em todo caso, traga-me uma foto dele.

Passado um tempo, Hilda levou para Julia duas fotos do menino. Achando parecido com o menino da visão, Julia ligou para Ana e contou sobre a visão que tivera.

— Julia, era o Jonas, a camiseta e o boné que descreveu foi como nós o vestimos para o enterro e os trejeitos que você contou que ele fez com os dedos e a cabeça, só ele fazia.

Alguns anos depois, certa noite, Julia sonhou com Jonas, o menino que ela vira em sua casa. Estavam andando de mãos dadas, conversando. Os dois caminhavam por uma estrada de terra toda florida e em um determinado momento ele lhe disse:

— Agora você não pode ir comigo. Tenho de seguir sozinho.

Julia ficou olhando-o, enquanto ele foi se transformando em homem. Foi então que Julia, contando para Ana, descobriu que naquela noite Jonas estaria completando dezoito anos!

Comentário

Quando morre uma criança, sua trajetória no mundo astral se desenvolve de acordo com seu nível espiritual. Ela vai para lugares de recuperação, conforme seu estágio, onde permanecem

certo tempo até seu corpo astral "crescer", como ocorreria se estivesse vivendo na Terra. Depois vai viver na dimensão onde vivia antes de nascer para continuar o caminho. Quanto mais evoluída e lúcida ela for, mais rápido conseguirá a transformação natural da qual precisa. Há casos em que o espírito é tão lúcido, que deixa o corpo de carne com naturalidade, vê o próprio velório e, na companhia dos amigos e familiares que vieram recebê-lo, voltam "para casa", na dimensão onde vivia.

Julia teve a visão de um menino em sua casa e a presença dele foi tão real que ela foi perguntar a Ricardo, seu filho, quem era. Ele não sabia de nada. Mas sua amiga Hilda ligou preocupada, querendo saber o que estava acontecendo com ela. Julia falou da visão, descreveu o menino e se surpreendeu quando a amiga, emocionada, disse-lhe que o nome dele era Jonas. Para comprovar, levou-lhe duas fotos do garoto, acrescentando que ele fora enterrado com a roupa que ela descrevera.

Julia teve a prova de que a vida continua e embora ela não mencionasse isso em seu relato, o contato com os espíritos é tão forte, tão real que nunca mais a pessoa esquece.

Depois de algum tempo, ela sonhou novamente com Jonas, que foi procurá-la para se despedir e mostrar a ela que já havia "crescido", voltaria para a dimensão de onde viera e que o espírito dela ainda não poderia acompanhá-lo. Mas esse acontecimento ficou marcado para sempre na lembrança de Julia, provando que todos nós somos eternos.

5
AMIGAS

Em maio de 2002, Samira estava com 22 anos e prestes a se casar. Sua criação tinha sido muito severa, dura e fechada. Seus tios eram praticantes de magia negra e Samira sempre teve muito medo de tudo o que envolvia o lado espiritual.

Depois de nove anos casada, ela divorciou-se, em 2011, por conta de muitas brigas, discussões e agressões físicas. Passados alguns meses, ela foi acometida de fortes dores de cabeça e um barulho ensurdecedor no ouvido. Foi diagnosticado que um dos nervos de seu ouvido esquerdo estava danificado em virtude das agressões do ex-marido, e ela deveria passar por uma cirurgia.

Nesse meio tempo, ela conheceu uma entidade maravilhosa, de nome Cigana. Com ela aprendeu muitas coisas, inclusive a ter amor-próprio. Depois de algumas tentativas, finalmente, em janeiro de 2013, seu plano de saúde autorizou a cirurgia e ela foi internada em um hospital no bairro onde morava.

No quarto havia quatro leitos, ela deitou-se no terceiro, portanto o último permaneceu vazio. Sua cama ficava em frente à porta de entrada do quarto. Como Samira não gostava de ficar quieta, resolveu começar a conversar com suas companheiras de quarto.

Das quatro mulheres, duas eram divorciadas. O quarto antes escuro, triste e pesado foi contaminado por um ambiente alegre, claro e descontraído.

Samira ajudava a todas, dava biscoitos e até fez amizade com as crianças do quarto ao lado. Em meio a toda essa situação, entrou no quarto uma moça. Ela segurava um pano de prato e cuspia muito sangue, ocupando o último leito. Depois do jantar, todas conversavam animadamente, e a nova ocupante do quarto quis falar com Samira.

— Tenho 30 anos e também sou separada, jogo no seu time — disse, com muita dificuldade.

Samira beijou-lhe a testa, apertou suas mãos e voltou rapidamente para seu leito. Mas a moça quis ir ao banheiro e ela, após chamar a enfermeira, sem sucesso, resolveu levá-la, ao que ela ficou muito agradecida.

Perto das nove da noite, a enfermeira veio para avaliar o estado geral das pacientes e solicitou que procurassem dormir. Apagou as luzes da enfermaria, saiu e elas adormeceram.

Por volta das quatro da manhã, um grande entra e sai de médicos, acordou-as. Assustada, Samira percebeu que sua mais nova companheira de quarto estava morrendo, golfava tanto sangue pela boca que chegava a atingir meio metro de altura.

Foram cenas muito tristes. Depois de várias tentativas dos médicos, ela desencarnou. Pela primeira vez, Samira viu um jovem médico, banhado em sangue, encostado na parede, braços caídos, cabeça baixa, chorar muito.

Uma das ocupantes do quarto contou a Samira o que havia escutado da enfermeira. A moça foi fazer exames de rotina, descobriu que tinha câncer e este se alastrara por todo seu corpo, causando hemorragia interna. A amiga de Samira estava assustadíssima, iria retirar um tumor próximo da vesícula.

Samira então lhe disse:

— Tente dormir, minha amiga, cada um é cada um, amanhã será um dia difícil para nós, precisamos descansar.

Chorando baixinho, cheia de medo, Samira começou a orar, pedindo forças a Deus, quando de repente sentiu que alguém a tocava delicadamente nas costas e a chamava:

— Companheira, ei, companheira, olhe para mim.

Ao olhar, Samira quase morreu de susto. Era sua amiga que acabara de desencarnar, perguntando perdida, sem saber que havia desencarnado:

— Amiga, você sabe o que está acontecendo? Por que me levaram para o banheiro naquela maca cheia de sangue?

Sem saber o que fazer, qual atitude tomar, Samira enfiou-se embaixo do lençol e, muito trêmula, lembrou-se da Cigana. Imediatamente, orou, orou bastante, pedindo à sua amiga, assim como a outras entidades do plano superior, da luz, que fossem em socorro daquela criatura, que a orientassem e a levassem para seu verdadeiro caminho.

Confortada, e na presença de amigos do plano superior, Samira pediu que ajudassem a todas as companheiras de quarto, que haviam presenciado aquelas cenas tão tristes. Ela sentiu um toque em sua cabeça, depois adormeceu. Na manhã seguinte, todas acordaram bem. E sua cirurgia foi um sucesso.

Samira ainda teve a chance de poder auxiliar e confortar os familiares da jovem que havia falecido naquele dia.

Atualmente, sente-se muito feliz, e descobriu que a Cigana é uma das mentoras que a assiste.

Comentário

Samira é uma pessoa forte. Reencarnou em uma família que a criou com muita disciplina, convivia com parentes que praticavam magia negra, o que a deixou com muito medo dos espíritos. Além disso, casou-se com um homem violento. Ele a agredia com tanta violência que depois de separar-se dele, ela precisou fazer uma cirurgia.

Apesar de conviver com pessoas tão desequilibradas, Samira conservou a alegria e o amor no coração. Procurou ajuda espiritual e conheceu a Cigana, que conquistou sua amizade.

Ao internar-se para fazer a cirurgia, suas atitudes transformaram o ambiente triste das

mulheres da enfermaria onde a colocaram. Descobriu que duas delas também eram divorciadas e trocaram experiências sempre com bom humor, felizes por haver conseguido livrar-se das situações e das pessoas que a incomodavam. Quando entrou a paciente em estado grave, Samira a auxiliou como pôde, contudo, a moça faleceu.

Durante a madrugada, ela foi acordada pelo espírito da moça que, com naturalidade, perguntou o que lhe acontecera e o que estavam fazendo com ela. Samira ficou muito assustada e rezou pedindo ajuda a Cigana para que a encaminhasse para o devido lugar. Mas é interessante observar que, apesar de haver desencarnado, esvaindo-se em sangue, o espírito da moça estava bem, apenas sentindo que algo diferente havia acontecido, e queria descobrir.

Samira afirma que, na hora da morte da moça, ela vira um jovem médico, todo sujo de sangue, chorando muito. Seria um espírito desencarnado que tentara ajudá-la ou um médico aflito por não poder salvá-la?

Seja o que for, o fato é que Samira, por ser uma boa pessoa, foi colocada naquele local a fim de auxiliar a todas e em especial à moça que precisava de ajuda. Quando alguém precisa de ajuda, a vida sempre coloca outro alguém do lado para auxiliar.

6
ADEUS

Raul desencarnou em janeiro de 2007, após três meses hospitalizado. Nesse dia, seu filho, Luiz Carlos, sentiu uma grande vontade de visitar o pai. Levantou-se cedinho e rumou ao hospital. Chegando lá, encontrou seu pai muito bem. Com um sorriso nos lábios, muito bonito, seu pai olhava para cima e com muita alegria falava coisas que Carlos não entendia. Parecia conversar com alguém. Ele perguntou repetidas vezes:

— Pai, o que o senhor está falando? O que o senhor quer? Não estou entendendo.

— Não interrompa — disse ele, com a voz natural — fique quieto, você não está vendo que estou falando com eles?

Depois de certo desconforto, o pai voltou a balbuciar, e Luiz Carlos perguntou:

— O que o senhor quer?

— Aqui é tudo muito lindo, tudo é branco, até as louças...

Ele dormia e acordava. Luiz Carlos, achando que seu pai estava normal, ligou para o irmão comunicando que seu pai estava bem e que ele estava no hospital. Sem vontade de ir para casa, desistiu e acabou voltando ao quarto.

Sem se dar conta do que acontecia, seu pai continuava com aquele diálogo estranho.

Às dez horas da manhã, quando seu irmão chegou, seu pai começou a ficar agitado, quis sentar, estava incomodado, sua respiração, então, ficou ofegante, difícil. Enfermeiras foram chamadas, enquanto isso, ele falou:

— Filho, acho que estou morrendo.

Dois ou três minutos depois, ele desencarnou. Apesar da tristeza, Luiz Carlos sabe que a passagem do pai foi muito linda e calma.

Comentário

Certo dia, quando eu dirigia o Caminheiros, centro espírita que eu e meu marido fundamos, fui procurada por uma moça que veio pedir ajuda. Seu pai estava muito doente; desenganado pelos médicos, deram-lhe alguns dias de vida. Seu corpo estava mal e ele sofria muitas dores, mas milagrosamente ele continuava vivo. Morava em um sobrado e como não conseguia mais andar, a cama dele fora colocada na sala, onde ele passou a ter um comportamento estranho. Olhava para a porta e gritava nervoso:

— Eu não vou! Vai embora porque eu não quero ir!

Não dormia e à noite, muitas vezes, gritava repetindo essas palavras. A família não sabia como ajudá-lo. Em prantos, ela nos pediu ajuda espiritual.

No dia seguinte, pedi inspiração dos meus amigos espirituais e fui visitá-lo. Ele estava de olhos fechados, sentei-me ao lado da cama em

silêncio. Então, ele abriu os olhos, me fixou e eu sorri. Ele me reconheceu. Quando estava com saúde, fora algumas vezes ao Caminheiros.

Ele agarrou minha mão, seus olhos brilharam quando disse:

— Que bom que a senhora veio! Minha mãe está me chamando, mas eu já disse que não quero ir! Leva ela embora daqui!

— Seu corpo está mal, você não precisa continuar sofrendo desse jeito. Não tenha medo! Vá com ela. A doença está no seu corpo, enquanto não se livrar dele não vai recuperar a saúde!

— Eu tenho medo!

Segurei a mão dele:

— Acalme seu coração, confie em Deus, lembre-se do tempo em que tinha saúde e confie na vida. Seu espírito é eterno e a vida continua.

Continuei falando, até que ele se acalmou um pouco. Na manhã seguinte, a filha me avisou que ele havia partido durante o sono.

O medo da morte contribui para que a pessoa prolongue o próprio sofrimento, resistindo apesar de saber que não tem mais chance de recuperar a saúde. Aceitar a verdade faz com que os espíritos amigos possam intervir e auxiliar.

Acredito que o pai de Luiz Carlos, mesmo doente, ficava no bem, era positivo. Estou certa de que seu espírito tinha consciência da eternidade e durante o processo de desencarne, ele se entregou, aceitou a orientação dos espíritos e partiu, libertou-se sem sofrimento. Levou apenas três minutos para morrer. Ficou lúcido até o fim e certamente deixou o corpo com facilidade, recuperando, em seguida, a consciência.

Todos nós vamos morrer um dia. Essa é a morte que todos nós gostaríamos de ter! Você não acha?

7
O BUQUÊ

Gisele tinha um sonho recorrente: vestida de noiva, carregava um buquê de flores nas mãos e andava sozinha por um corredor escuro, não enxergava nada, nem o noivo, era só escuridão.

Aos quinze anos, sempre ia à casa de uma amiga. Foi quando conheceu um rapaz lindo, mesma idade que ela, olhos verdes, cabelos encaracolados dourados e um sorriso lindo.

Como ela estava sempre passeando por lá, os dois começaram a namorar. Ela não se esquece do primeiro beijo, do seu cheiro e do seu sorriso, ele foi o amor da vida dela. Namoraram três anos, ficaram noivos e marcaram a data do casamento.

Na euforia dos preparativos, da escolha do vestido, Gisele não notou que seu noivo estava cada dia mais distante. Um dia, porém, ele tomou coragem e pediu a ela que adiassem o casamento. Ele estava confuso, era novo para casar, queria se divertir, sair com os amigos. Enfim, acabaram terminando tudo. Ela chorou muito, sofreu demais, sentia saudades e entrou em depressão.

Em meio a tanto sofrimento, ela conheceu outro rapaz. Ele era maravilhoso, carinhoso, amigo e atraente. Namoraram e resolveram se casar.

O primeiro namorado de Gisele nunca mais a procurou. Apesar de algumas tentativas dela, ele a tratava com muita frieza. Gisele resolveu esquecê-lo de vez. Ela se casou com o outro rapaz, teve um filho e depois de dois anos, outro menino. Pedagoga, ela sempre foi uma mãe muito dedicada. Soube que seu ex-noivo casara depois de dez anos que eles haviam terminado, teve um casal de gêmeos. Ficou somente dois anos casado e divorciou-se. Um dia, Gisele pensou nele, sentiu o coração apertado e uma grande angústia. Dias depois, ficou sabendo que ele tivera um aneurisma cerebral, ficara em coma e faleceu depois de uma semana. Gisele não foi ao enterro, porém no dia seguinte foi visitar seu túmulo. Chorou muito, falou com ele tudo o que ainda sentia e saiu dali mais aliviada. Passados quinze dias, Gisele foi visitá-lo novamente, agora levando flores para o seu túmulo. Naquele momento, com as flores na mão, ela teve a mesma sensação do sonho. O mesmo corredor, tudo escuro, os túmulos, ela com o buquê nas mãos, andando pelo corredor e não enxergando nada, então, descia uma escada e chegava ao túmulo de seu ex-noivo. Só aí ela entendeu o sonho recorrente. Para ela foi uma sensação incrível, indescritível.

Comentário

Gisele estava apaixonada pelo ex-noivo. Certamente eles já haviam se relacionado em outras vidas. Entretanto, apesar de se amarem,

eles precisavam se separar, aprender outras coisas. Muito apaixonada, Gisele sonhava viver ao lado dele.

O espírito tem liberdade para escolher como quer viver. É livre para fazer o que quiser. Mas depois de certo tempo, quando aprendeu um pouco mais como as coisas são, terá de colher o resultado de suas escolhas, para libertar-se das ilusões e saber a verdade da vida. A conquista da sabedoria é nosso objetivo.

Que escolhas Gisele e o namorado fizeram que os afastou de estarem juntos nessa encarnação? Claro que se o amor for verdadeiro, estarão unidos em outra oportunidade, mas agora, tiveram de enfrentar a separação porque precisavam seguir caminhos diferentes.

Para que Gisele entendesse essa necessidade, eles anteciparam os fatos, conversaram com o espírito dela, mas ao acordar, ela apenas se recordou do sonho.

É muito comum nos encontrarmos com espíritos que vêm nos auxiliar, sabemos que estivemos com eles, contudo, esquecemos o que conversamos.

Somente quando foi visitar o túmulo dele que Gisele se viu nos acontecimentos do sonho. Entendeu que tudo acontecera do jeito certo e ficou em paz.

8
ADEUS AOS PRECONCEITOS

Mônica nasceu em uma família de italianos, extremamente orgulhosa e cheia de preconceitos, principalmente com as filhas, que não tinham de querer, nem direito de opinar, só obrigações e acima de tudo, tinham de ser "boas moças".

Aos sete anos, ela começou a ver coisas que outras pessoas não viam. Via sombras pela casa, escutava barulhos durante a noite e tinha sonhos estranhos. A família achava que era sua imaginação e não dava muita importância. Por tudo isso, ela cresceu muito assustada.

Aos quinze anos, as visões aumentaram e com elas aflorou a premonição. Ela estudava à noite e, muitas vezes, quando chegava em casa era surpreendida por espíritos andando pelos cômodos. Os familiares acharam que ela estava ficando louca e usando drogas.

Certa madrugada, ela despertou com os gritos do pai e o choro da mãe. Seus irmãos mais velhos não haviam chegado em casa. Como não era hábito de eles não avisar, seus pais estavam preocupados.

Sonolenta, ela chegou próxima à janela da sala e lhes disse:

— Não se preocupem, eles estão bem. Foram presos por se meterem em confusão.

— Você está louca — disse o pai. Se eles estivessem presos, alguém já teria avisado.

— Eles estão presos — repetiu ela.

51

Todos passaram a noite preocupados, e Mônica continuava na janela. Ao amanhecer, da janela do quarto ela avistou seus irmãos parados na esquina e um amigo em comum tocou a campainha para conversar com seu pai.

Ele contou que os rapazes haviam ido a um baile e acabaram brigando por besteira. A confusão tinha sido grande, todos os envolvidos foram detidos e levados para a Delegacia. Como o delegado de plantão percebera que eles não eram bandidos, e sim jovens sem juízo, deixou-os detidos durante toda a madrugada e não os fichou. No comecinho da manhã, resolveu soltá-los. Envergonhados, estavam com medo de voltar para casa. E o amigo tinha ido na frente para conversar com os pais.

Mesmo com tudo isso, Mônica não teve a aceitação de seus pais.

Um dia, ela chegou na casa de sua madrinha chorando, pois tinha visto alguma coisa horrorosa na sala de sua casa. Muito assustada e temerosa, ela resolveu se abrir com a madrinha, que era tão querida.

Ao ouvir o relato da afilhada, ela levantou-se, pegou um livro da estante e entregou-o a Mônica, dizendo que ela precisava ler sobre espiritismo. O livro era *Nosso Lar*, do espírito André Luiz, psicografado pelo médium Chico Xavier.

Mesmo com medo, e relutando um pouco, Mônica começou a ler o livro. Depois desse, leu muitos outros. Mas só a leitura, não resolvia.

Após ter adquirido certo conhecimento espírita, ela, além de ver, começou a sentir as coisas. Sentia cheiros estranhos. Às vezes, ao entrar em algum lugar, sentia angústia, medo, desespero. Sentia-se mais estranha ainda. Era sua mediunidade aflorando. Sua madrinha, então, levou-a a um centro espírita kardecista. Quando seus pais souberam, não aprovaram, porém ela já era independente financeiramente e eles não podiam impedi-la de fazer mais nada.

Com os estudos, os passes, as palestras, ela começou a se acalmar e, apesar de ainda ter muito medo, começou a entender tudo o que acontecia com ela.

Um dia, a dirigente do Centro avisou-a de que iriam fazer uma sessão fechada, sem público e que, pela primeira vez, ela iria sentar-se à mesa. Mônica ficou muito feliz, pois tinha certeza de que a partir daquele momento sua mediunidade iria se definir. Ela não sabia exatamente qual o tipo de mediunidade que tinha, sensibilidade, premonição, tudo era muito vago. Os outros médiuns eram definidos, um incorporava, outro pintava, outro escrevia, e ela não tinha nada definido, sentia-se à parte de todos.

Muito bem preparada para aquele dia, ela foi ao centro espírita participar dos trabalhos. Ao entrar, sentiu uma forte vertigem, encostou-se na parede, tentado se segurar e ali mesmo desmaiou.

Acordou na sala do dirigente. Todos estavam preocupados. Ela não entendia o que estava acontecendo. Não estava doente, não sentia dores nem mal-estar. Estava ótima e simplesmente apagou.

O dirigente da casa olhava-a, andava em volta dela pensativo e no fim pediu para que as pessoas ali presentes deixassem a sala. Teria uma conversa a sós com Mônica. Muito educadamente ele disse que ela deveria trabalhar num terreiro de Umbanda, que ela não tinha mentores e sim, guias.

Muito decepcionada, Mônica saiu dali e foi para casa, tentando esquecer tudo sobre espíritos, mediunidade etc. Deu um basta. No dia seguinte, doou todos os seus livros para a instituição que até então frequentara. Encontrando com o dirigente, este disse a ela:

— Quem não vai por amor, vai pela dor.

Ela saiu do centro espírita, prometendo que nunca mais se envolveria com esses assuntos. Mas, a partir desse dia, seus problemas começaram. Toda a sua mediunidade, que estava harmonizada, desequilibrou-se. Largou o emprego, parou de estudar, brigava com todos à sua volta, não tinha paz nem sossego em nenhum lugar. Sua vida começou, literalmente, a andar para trás. Além de não conseguir arrumar outro emprego, tinha crises de choro várias vezes ao dia, sem entender o porquê.

Então, foi procurar ajuda em várias religiões e filosofias, entretanto, não se sentiu bem em nenhuma delas.

Certa noite, analisando-se, ela percebeu que tinha se tornado uma pessoa totalmente desequilibrada e doente. Solicitou ajuda a Deus e aos espíritos superiores para que a encaminhassem ao local certo, onde encontraria a paz. Dias depois, Mônica encontrou-se com um amigo que não via há mais de dez anos. Ele a levou a um centro de umbanda. Ao chegar, Mônica não se sentiu bem, mas como não tinha mais nada a perder, resolveu ficar. Atualmente, passados alguns anos, ela aprendeu a amar aquele lugar. É uma casa de cura, onde se exerce o amor, a humildade e a paciência.

Ao lembrar-se de tudo o que passou, ela é eternamente agradecida por poder trabalhar e ajudar outras pessoas, encaminhando-as para a assistência espiritual a fim de aprenderem a lidar com essas energias.

Comentário

Quando a sensibilidade se abre, é importante estudar o assunto. Há muitos livros de pesquisadores sérios, que fizeram experiências, tiveram provas de que depois da morte, as pessoas continuam vivendo em outras dimensões do universo e que a evolução do nosso espírito se processa através da reencarnação neste

planeta, quantas vezes forem necessárias para conquistarmos a sabedoria.

A falta de conhecimento, o preconceito, a ignorância, dificultam o exercício equilibrado da mediunidade. É pela lei da afinidade que a pessoa atrai e absorve as energias que estão em volta. Se ela for dramática, insegura, depressiva, medrosa, vai absorver as energias negativas não só das pessoas encarnadas como também dos espíritos infelizes, perturbados e sua vida se tornará um inferno. Mas, nem a mediunidade ou os espíritos têm culpa disso. É a pessoa que não controla os pensamentos, que fica no mal, não tem fé, desconhece a grandeza da vida e a possibilidade que lhe está sendo oferecida de enxergar seus pontos fracos, de buscar conhecer a verdade e escolher melhor seus caminhos.

É muito bom descobrir que o objetivo da vida é a felicidade e a conquista da sabedoria. Mas a vida só trabalha por mérito. Para obter essa conquista, cada um terá que fazer a sua parte: conquistar o equilíbrio, jogar fora todo mal, ficar no bem absoluto.

Além disso, cada pessoa tem uma vocação e vem preparada para agir em determinada área na Terra. O dirigente do Centro que Mônica frequentava percebeu que a vocação dela era para trabalhar na Umbanda. Quando ela aceitou, conseguiu se equilibrar e viver melhor.

A mediunidade bem exercida traz progresso, equilíbrio e nos ajuda a enfrentar os desafios do dia a dia.

9
REGRESSÃO

Quando Edna começou a estudar o espiritismo, teve despertada a vontade de conhecer mais sobre seu passado. Queria participar de uma sessão de regressão. Procurou um senhor, que se dizia especialista no assunto, mas não conseguiu fazer a regressão. Ficou decepcionada.

Trabalhando fora, à noite, tinha de cuidar do jantar, da roupa, dos filhos, enfim, de todos os afazeres domésticos. Quando terminava, já estava exausta, tomava um banho, lia um pouco, rezava e dormia. Espontaneamente, durante o sono, começou a reviver cenas do passado. Sim, porque não era sonho nem desdobramento. Nesse caso ela via as cenas e participava ao mesmo tempo. Nessas regressões ela descobriu coisas muito tristes e também várias interessantes.

Soube que vivera na época dos Incas e fora jogada num poço em sacrifício a um Deus da época.

Na Idade Média fora entregue em casamento pelo pai [que atualmente também é seu pai] para um homem que ela odiava.

Na Revolução Francesa, fugiu de uma multidão em fúria.

Abandonou a mãe na miséria para se casar com um cantor de Ópera [esse cantor também esteve presente na vida atual, sendo seu ex-noivo].

Nas regressões, ela sempre reconhecia as pessoas que faziam parte de sua vida atual. Ela sentia-se mal porque questionava como o pai havia agido daquela forma com ela ou o quanto ela havia prejudicado seu atual filho. Era uma situação de total descontrole, Edna não queria mais fazer regressão, porém elas aconteciam.

Uma noite, soube que seu atual marido fora seu pai em outra encarnação e seu filho, seu irmão. O pai os abandonou ainda pequenos.

Muito chateada com o que estava descobrindo, ela resolveu ir a um centro de umbanda solicitar ajuda. A partir desse dia, Edna conseguiu se libertar das regressões.

Atualmente, ela entende que se Deus nos deu a bênção do esquecimento, por que irmos atrás do passado?

Comentário

O passado passou, mas tudo que vivenciamos fica arquivado em nosso inconsciente. Algumas vezes, pedaços de cenas vividas no passado, podem surgir em nossos sonhos, de forma confusa, sem coerência e trazem energias negativas em forma de pesadelos.

Mas, também, em determinados momentos, podemos rever momentos bons, que nos inspiram ao bem e trazem bem-estar. Entretanto, estes últimos são mais raros. Acontecem com quem já

tem um nível maior de evolução, confia na vida e consegue manter pensamentos positivos. Tenho a sensação de que a manifestação espontânea das vivências passadas tem relação com nossas escolhas atuais. Escolhendo livremente, somos responsáveis por nossos atos e, conforme o fazemos, criamos nosso futuro. Conhecer a verdade liberta, e a ilusão aprisiona. A felicidade, a conquista da sabedoria, é o objetivo da vida, mas cada um de nós precisa fazer a sua parte. É na vivência do dia a dia que vamos conhecendo a verdade, saindo da ilusão e vendo as coisas como elas realmente são.

Nosso espírito foi criado à semelhança de Deus, contudo, simples e ignorante, traz dentro de si o poder divino, em estado latente e todos os elementos para a viagem da evolução, e é escolhendo que vai determinar o tempo que levará para construir a própria felicidade. Mas a sabedoria divina nos deu o corpo de carne, inteligente, perfeito com todos os atributos para nos servir e auxiliar nesse processo.

Sempre que enveredamos pelo caminho da ilusão e estamos escolhendo mal o caminho, nossa alma, que é divina, traz por meio do sonho, pedaços de vivências passadas, como advertência, a fim de que possamos mudar as nossas atitudes.

Por outro lado, nos momentos difíceis, um encontro espiritual, uma ajuda de alguém querido do passado poderá vir em sonho, lhe dar energias de amor, de paz que o ajudarão a enfrentar e vencer os desafios do momento. Hoje nós evoluímos um pouco mais, se as vivências passadas surgirem espontaneamente, são recados da vida que poderão nos auxiliar. Mas a curiosidade de querer buscar coisas do passado não é aconselhável. O passado já acabou e o futuro vai ser resultado das nossas escolhas.

Você está onde se põe! E só tem o momento presente para isso.

10
FEBRE DE LEITE

André nasceu em outubro de 1997. Um belo menino, perfeito e saudável, apesar de sua mãe ter passado por muitos problemas durante a gravidez.

No hospital, quando traziam o menino para mamar, era um sofrimento para a mãe. Seus seios estavam inchados e sensíveis, ela sentia muita dor. André chorava de fome, e sua mãe, de dor.

No terceiro dia, o médico informou a Tânia que ela estava com febre de leite, e se continuasse assim, ele seria obrigado a lancetar seus seios para o leite sair.

Muito sensibilizada pelo parto e pelos problemas que estava enfrentando com a separação do marido, ela começou a chorar.

Nesse momento, lembrou-se de que havia lido nos livros de André Luiz sobre grupos de mensageiros de luz, que vinham do plano espiritual para trabalhar dentro dos hospitais terrenos. Na maternidade existiam grupos responsáveis pelo reencarne, que cuidavam da chegada dos bebês.

Confiante, Tânia começou a orar e pedir auxílio a esses mensageiros para que não permitissem que o médico cortasse seus seios. Pediu também para André Luiz, que em última encarnação terrena fora médico. Rezou muito. Ao terminar, quando disse amém, ela sentiu sua camisola molhada. Olhando para seus seios, viu que o leite descia sozinho.

Ela ficou maravilhada e muito agradecida por ter sido prontamente atendida. Saiu correndo do quarto para avisar a enfermeira de plantão. Por esse motivo, o filho, que se chamaria Marcos, foi batizado com o nome de André Luiz.

Comentário

A fé remove montanhas! São palavras de Jesus. O caso de Tânia é a prova dessa verdade. A certeza de que não estamos sós, que amigos espirituais estão nos auxiliando nos momentos difíceis, certamente deu a ela não apenas a solução do momento, mas a confiança no futuro.

Tenho a certeza de que depois desse acontecimento, Tânia teve mais condições para enfrentar os desafios do dia a dia e seguir adiante, com persistência e coragem.

11
NÓDULO

Em 2010, aos 40 anos, Daniela descobriu um nódulo em seu seio esquerdo. Entrou em pânico, pois existia histórico de câncer em várias pessoas da família. À noite, desesperada, começou a chorar. Nessa época ela morava apenas com seu filho, de nove anos. Chorava por achar que o médico tiraria seu seio, que iria morrer e deixar seu único filho órfão de mãe.

Ela pediu a Deus, calorosamente, em prece, que a deixasse ver seu filho crescer, que não a levasse deste mundo e que desse a ela força e saúde para acabar de criá-lo.

Durante um mês, todas as noites, ela pedia essa cura. Foram dias difíceis. Mas Daniela tinha muita fé.

Uma noite sonhou que estava em uma fila num ponto de ônibus, em frente à Igreja de São Judas Tadeu, no bairro do Jabaquara, em São Paulo. Muitas pessoas cercavam-na. O ônibus chegou, era um veículo estranho, grande e dentro dele havia muitas pessoas vestidas de branco, ajudando a acomodar os passageiros. Muitas pessoas idosas entraram, algumas mal podiam andar. Quando todos se acomodaram, o ônibus partiu. Ele era todo fechado, não se enxergava nada do que acontecia fora dele.

Chegando a um prédio enorme, um hospital, Daniela se separou do grupo. Uma mulher muito simpática, trajando roupas claras, encaminhou-a até uma sala. Ali estava um grupo formado por quatro médicos, muito jovens. Eles colocaram-na atrás de um aparelho e uma espécie de placa cobriu todo o seu tórax, inclusive seus seios.

Os médicos pediram que ela não se mexesse e ao ligarem o aparelho, ela sentiu sons batendo em seu peito. Não sentia dor e sim uma leve pressão. Várias aplicações de sons e em vários tons. Quando terminou, ela sentiu um mal-estar muito grande, sua cabeça girava e as pernas estavam fracas. A mulher, então, lhe disse:

— Você precisa descansar um pouco antes de voltar.

Num pequeno quarto ela deitou-se na cama e descansou. Momentos depois, viu-se novamente no ônibus, voltando para o ponto de onde havia saído. As mesmas pessoas acompanharam-na.

Ao acordar, ela ainda sentia o mal-estar, porém sentiu uma mão na sua testa e escutou uma voz lhe dizendo:

— Você não pode acordar agora. Descanse mais um pouco. Durma.

Depois de uma hora, Daniela acordou, mas agora não sentia mais nenhum desconforto, estava ótima.

Lembrando-se do sonho foi direto para o banheiro e procurou o nódulo. Para sua surpresa, não o encontrou. A primeira providência que tomou foi ir até a Igreja de São Judas Tadeu para agradecer a graça alcançada. E todas as vezes que passa por lá, ela se lembra de que ali existe um ponto de ônibus da espiritualidade, sob os cuidados de São Judas.

Comentário

Este relato me chegou ano passado, portanto, seis anos depois do ocorrido e comprova mais uma vez a intervenção dos espíritos em nossa vida. Daniela morava sozinha com o filho e ao descobrir o nódulo no seio esquerdo, ficou muito aflita por várias razões, sendo que o medo de morrer e deixar o filho desamparado, era o que mais a incomodava.

Daniela é uma pessoa de fé e mesmo chorando muito, não se deprimiu e pediu ajuda espiritual. Durante um mês, todas as noites ela implorava a Deus que lhe desse saúde e forças para criar o filho e vê-lo crescer.

Durante a noite, enquanto a cidade dorme, espíritos iluminados descem à Terra em socorro dos que sofrem, aliviando o sofrimento, conforme têm permissão.

Nem sempre o atendimento pode ser feito aqui e quando precisam levar a pessoa para

outras dimensões, possuem veículos especiais para conduzi-los. Há trens, ônibus, veículos especiais que recebem espíritos desencarnados, levando-os para aonde devem ir. Também prestam serviço levando espíritos encarnados para receberem tratamento no astral.

A descrição de Daniela foi perfeita. Na madrugada, os espíritos trabalham muito auxiliando as pessoas, conforme lhes é permitido. Nesse atendimento, dispõem de recursos especiais, com aparelhos que só existem lá e realizam o tratamento direto no corpo astral que, sendo curado, acabará por restaurar o corpo físico.

Quando a permissão não vem, significa que o melhor para essa pessoa é passar pela experiência, porque só assim ela vai entender, mudar e tornar-se uma pessoa melhor.

A fé de Daniela cresceu, ficou mais forte e foi por isso que ela persistiu durante um mês, fazendo prece, e foi atendida.

Eu imagino sua alegria ao acordar naquela manhã e descobrir que o nódulo que tanto a afligia havia desaparecido. A certeza de que não estamos sós, que amigos espirituais estão à nossa volta dispostos a nos inspirar, esclarecer e auxiliar, nos traz paz e força para enfrentarmos os desafios do dia a dia.

Em tempo: No meu livro *O repórter do outro mundo,* o espírito de Silveira Sampaio nos revela sobre um trem em que ele viajou no mundo astral. Tudo que existe na Terra e muito mais, há nas outras dimensões do universo.

Ao voltarmos para lá encontraremos todas essas coisas. A vida continua, parecida com a que temos aqui. A diferença é que lá o tempo é mais rápido e as emoções são muito mais fortes.

12
ANEL DE BRILHANTES

Há cinco anos, Jéssica estava em sua casa com seu filho, que na época tinha três anos de idade. Um pouco ocupada, arrumava alguma coisa em um dos cômodos, mas de repente resolveu ir dar uma volta com o filho. Foi passear num bairro próximo, ver vitrines.

Nessa avenida onde ela se encontrava, seu irmão tinha uma loja que vendia, trocava e consertava equipamentos eletrônicos.

Como não conseguia ter muito contato com ele, pois era ríspido e não a tratava bem, ela evitava um relacionamento mais próximo como o que mantinha com os outros irmãos. Por esse motivo, mesmo estando perto, não o visitava.

Jéssica passeou, viu vitrines e quando estava atravessando a avenida para voltar para casa, ouviu uma voz:

— Vá ver o Maicom!

Sem entender, Jéssica pensou: "Ele nem gosta de mim, por que eu iria até lá?".

Então ouviu novamente:

— Vá ver o Maicom!

Mesmo sem vontade, ela atravessou a avenida novamente, mudou seu caminho e, contrariada, foi até a loja do irmão. Teria de andar mais dois quarteirões e ainda chegaria tarde em casa.

Ao rever seu irmão, perguntou se estava tudo bem. Ao que ele respondeu que sim com a cabeça.

Maicom estava sozinho. Ficaram ali conversando um pouco sobre a vida de cada um. Alguém bateu na porta. A loja mantinha as portas de vidro fechadas diariamente e lá só entravam clientes conhecidos. Maicom foi abri-la e encontrou um rapaz que dizia estar interessado em comprar uma impressora a laser. Ele, então, deixou-o entrar. O rapaz, bem vestido, carregava uma mochila em uma das mãos. Maicom estava mostrando-lhe as impressoras quando ele abriu a mochila e dela sacou um revólver, solicitando que os dois irmãos e o sobrinho ficassem um ao lado do outro. Jéssica percebeu que a arma estava totalmente carregada, podia ver as pontas douradas dentro do tambor. Apesar disso, não sentiu medo.

O ladrão pediu que eles dessem dinheiro, anéis e alianças. Jéssica colocou a bolsa em cima do balcão. Um de seus anéis, de brilhantes, que ela havia ganhado de sua mãe quando completara quinze anos, e sua mãe o havia ganhado de seu pai quando namoravam, era um presente de inestimável valor. Seu valor era sentimental, não havia valor financeiro. Eram duas histórias importantes da vida dela. Nesse instante, momentos inesquecíveis passaram em sua memória. Então, Jéssica tirou todos os anéis dos dedos, jogando o de brilhantes no chão.

O rapaz, muito nervoso, insistia com Maicom que queria o dinheiro que ele havia sacado do banco pela manhã. Mas o irmão de Jéssica explicou-lhe que já havia gastado com os pagamentos da empresa.

Ele decidiu trancar todos no banheiro e estudar o que poderia levar. Jéssica pegou seu filho pela mão e obedeceu. Assustados, eles ouviram a porta se fechar. Ao saírem do banheiro foram checar a loja. O rapaz não levou mais nada além dos dois anéis de Jéssica. Trancou a porta e levou as chaves. O anel de brilhantes estava no chão, onde Jéssica o havia jogado.

Quando o sócio de Maicom chegou, disse que esse mesmo rapaz havia estado lá pela manhã e o ouvira, numa conversa pelo celular, que Maicom estava no banco sacando dinheiro.

Por algum motivo, Jéssica acredita que sua visita impediu uma tragédia. Seu irmão poderia ter perdido a vida caso estivesse sozinho.

Comentário

É inegável que nesse caso houve uma interferência muito forte dos espíritos, insistindo para Jéssica visitar o irmão, dando-lhes condições de auxiliá-lo e evitar um mal maior.

O assaltante estava muito nervoso, talvez até drogado. Se Maicom estivesse sozinho, poderia ter reagido e as consequências teriam

sido piores. Diante da presença de Jéssica e do sobrinho, ele se conteve. Ela sentiu o perigo pois acredita que se não estivessem lá, Maicom poderia ter morrido. Apesar de Jéssica não ter muita afinidade com o irmão, ela se sentiu muito bem em poder auxiliá-lo. Fazer o bem faz bem e deixa sempre alegria no coração.

Em abril de 2003, Eduardo exercia a função de enfermeiro em uma casa de saúde, na periferia de São Paulo.

Como todas as manhãs, ele bateu seu cartão de ponto e entrou em serviço, assumindo o posto da enfermagem, com mais dois companheiros: Valter e Antônio.

Às oito horas, eles serviram o café da manhã aos pacientes. Eduardo sentia-se muito bem, mas ao voltar ao posto de enfermagem para pegar o material necessário para o banho dos mais necessitados e sem condições, ele desmaiou.

Não se recorda de mais nada, porém seus dois colegas contaram a ele o que aconteceu após o desmaio.

Pacientes viram-no cair e chamaram os enfermeiros que, unidos, carregaram-no para uma cama num quarto próximo. O médico plantonista veio imediatamente socorrer Eduardo. Depois de examiná-lo, concluiu:

— Não sinto os sinais vitais, está parecendo que o enfermeiro Eduardo veio a óbito.

Inconformado, Valter pediu ao doutor que lhe emprestasse o aparelho de medir pressão e auscultar o coração, reiniciando os exames. Alguns minutos depois, disse:

— O coração parece estar fibrilando muito lento e a pressão está muito baixa.

O médico solicitou uma ambulância com urgência e o transferiu para um hospital próximo. Lá, Eduardo passou duas semanas internado. Os primeiros cinco dias na UTI, mais cinco dias em um quarto de observação e outros dois dias em um apartamento particular. Seus colegas visitavam-no diariamente e somente nos últimos três dias de internação foi que Eduardo começou a reconhecer as pessoas, porém não se recordava do que lhe acontecera.

Durante esses dias, Eduardo teve uma visão, a qual se lembra perfeitamente. Ele estava trajando uma túnica branca muito alva, de mangas compridas, os punhos eram mais largos. Descalço, flutuava a cerca de vinte centímetros do chão.

Ele se encontrava em um corredor muito comprido, iluminado por uma luz azulada. Havia uma porta após a outra e seus formatos eram arredondados. Tinham a distância de cerca de dois metros.

Deslizava pelo corredor, como se um ímã o atraísse, e sentia muita vontade de continuar. Deslizando lentamente pelo corredor, por algum tempo, ele avistou uma porta, que resplandecia uma luz forte e maravilhosa, de cor alaranjada.

Feliz, ele sentiu-se atraído por essa porta. Eduardo tinha de entrar. Aproximou-se e levantou as mãos pensando em abri-la, mas logo à sua frente apareceram duas pessoas, que ele não conhecia, vestidas da mesma forma que ele. Ambas seguraram suas mãos amorosamente, mas com muita firmeza e uma delas disse:

— Eduardo, você ainda não pode entrar aí, você tem de voltar.

— Por favor, deixe-me entrar, eu preciso, eu quero, eu tenho de entrar, por favor — suplicou Eduardo.

— Não. Você ainda não pode entrar, tem que voltar, é definitivo — disse a outra pessoa categórica e em tom enérgico.

Eduardo, muito desgostoso, deslizou pelo corredor até o local de onde havia partido. Ao acordar, ainda no hospital, avisaram-no de que ele já estava lá havia doze dias. Depois de quinze dias de internação deram-lhe alta e o hospital em que trabalhava lhe deu mais trinta dias de férias para que ele se recuperasse.

Desses dias de internação, Eduardo apenas se recorda dessa visão.

Comentário

Eduardo viveu uma experiência de quase-morte (EQM), onde saiu do corpo, passeou pelo mundo astral e ficou maravilhado com a sensação de bem-estar que sentiu, tanto que desejou permanecer lá. Mas ainda não era a hora de ele regressar para a dimensão de onde veio e foi forçado a voltar para o corpo, no hospital.

Embora ele não tenha contado o que aconteceu quando se recuperou e deixara o hospital, estou certa de que ele nunca mais esquecerá essa experiência.

Há um médico, doutor Raymond A. Moody Jr., que pesquisou o assunto e publicou o livro *A vida depois da vida*. Ele entrevistou várias pessoas que viveram essa experiência e relataram o que sentiram durante o processo. E o que elas disseram se assemelha muito com o que Eduardo nos contou.

Quem passa por essa experiência perde o medo da morte, sabe que a vida continua e muda completamente sua forma de enxergar a vida.

A revelação da eternidade é forte o bastante para que a pessoa se sinta com coragem para enfrentar os desafios do amadurecimento e seguir adiante.

14
SUICÍDIO

Érica tinha por volta de treze anos de idade e morava em Nilópolis, município da região metropolitana do Rio de Janeiro. Seus vizinhos, casados, chamavam-se Shirley e Wesley e tinham um filho, Rudson, de sete anos. A mãe de Érica era muito amiga de Shirley. Viviam conversando. Shirley tinha familiares em Nilópolis e também na cidade do Rio de Janeiro. Para chegar até o Rio, era preciso passar pelos municípios da Baixada Fluminense. A família de Wesley morava em uma delas, Duque de Caxias.

Shirley sempre dizia para Sandra, mãe de Érica:

— Eu amo meu marido, mas ele me trai, tem outra mulher. Qualquer dia ainda vou me matar, assim ele fica livre. Quando isso acontecer não quero ser enterrada, mas cremada no Rio, jamais ser enterrada no cemitério de Duque de Caxias, onde a família de Wesley tem jazigo. Nem pensem em levar meu corpo para lá, porque não me dou bem com a família dele.

— Shirley, pense bem, você tem o Rudson para criar. Entregue seus problemas a Deus. Ele vai confortá-la.

Mas nada que Sandra falava mudava a forma de pensar da amiga. Alguns meses se passaram e Shirley acabou fazendo o que prometera. Ela se matou.

Wesley providenciou o funeral e falou:

— Vou enterrar o corpo da minha esposa em Duque de Caxias.

— Mas, em vida, ela pediu para não ser enterrada lá. Queria ser cremada no cemitério do Caju, no Rio — informou Sandra.

Wesley nem tomou conhecimento e fez como queria. Sandra o acompanhou e, ao chegarem ao cemitério, em Duque de Caxias, abriram o carro fúnebre e quatro homens fortes foram retirar o caixão. Tentaram muitas vezes e não conseguiram.

— Nossa, parece que o caixão pesa uma tonelada... Chamem mais quatro homens — disse um deles. Tentaram mais uma vez e, para surpresa de todos, o caixão se arrebentou, só ficando o corpo de Shirley.

Um funcionário do cemitério afirmou que não tinha como receber o corpo sem caixão. E que o horário de sepultamento estava por se encerrar. Wesley, aturdido, não sabia o que fazer. Sandra implorou:

— Melhor providenciar um caixão mais simples e seguir com o carro funerário até o Rio. Shirley não queria velório e desejava ser cremada. Então, por que não realizar o último pedido dela?

O funeral seguiu para o cemitério do Caju, no Rio, onde o corpo de Shirley foi cremado. E assim, seu desejo foi realizado.

Comentário

É incrível como Shirley conseguiu que fizessem sua vontade até depois de morta! Diante da traição do marido ela sentiu tanto ódio não só dele como da família dele, que, mesmo depois de ter destruído o próprio corpo, seu espírito permaneceu ali, para impedir a família de Wesley de vê-la. E conseguiu com a força de seu ódio. Infelizmente, ela escolheu o pior. O ódio cega e o desespero cresce, e a pessoa não vê a verdade dos fatos. Quando o mal toma conta, a dor comparece para que ela possa recuperar o equilíbrio. Shirley pensou em punir o marido, com a culpa da sua morte, mas ao destruir o próprio corpo, puniu só a si mesma.

Wesley ficou livre e é provável que tenha reconstruído sua vida de uma forma melhor. Se isso aconteceu, como será que ela reagiu?

A reencarnação na Terra é um privilégio. Uma oportunidade de aprender como as coisas são, escolher melhor o próprio caminho, desenvolver seus dons, amadurecer e conquistar a sabedoria. Essa é a finalidade da vida.

Ao cometer o suicídio, ela descobriu que a vida é mais forte e que terá de enfrentar as consequências dessa escolha. Como não valorizou a chance da encarnação, certamente para conseguir uma nova oportunidade terá que se esforçar muito para merecer. O universo só trabalha por mérito.

Shirley deixou-se levar pelo ódio. Agora, já deve ter percebido que, se houvesse usado a sua força para deixar ir o marido traidor, procurado refazer sua vida em paz, tudo teria sido melhor. Entretanto, diante do que fez, talvez até hoje Shirley ainda esteja lutando para reajustar suas energias e ficar bem. Mas o espírito é eterno e um dia, mais experiente, ela vai construir uma vida melhor.

15
O PREPARO

Nelson era médico-residente num hospital psiquiátrico, em Porto Alegre, Rio Grande do Sul. Gostava muito dos pacientes, alguns ficavam ali de três a seis meses, outros durante anos. Esse convívio estreitava os laços entre eles. Tinha um paciente que residia lá havia cinco anos. Ao iniciar seu trabalho, ele era o primeiro que Nelson visitava. Tadeu era seu nome. Numa manhã, Nelson o encontrou respirando muito lentamente. Não respondia aos seus chamados nem abria os olhos. Examinando-o com mais detalhe, chamou seu superior e perceberam que Tadeu se encontrava em coma. Imediatamente, transferiram-no para o CTI, onde, após dois dias de internação, Tadeu faleceu.

Nelson ficou muito triste, porém um mês após esse acontecimento, sonhou com ele. Tadeu vestia um pijama xadrez de cores suaves. Aparentava estar mais jovem e seus olhos, antes apáticos, brilhavam. Ele aproximou-se de Nelson e lhe disse:

— Meu bom e jovem doutor, gosto muito de ti. Obrigado por tudo o que fizeste por mim. Como sou teu amigo, vim te preparar. Daqui a três dias tu vais sofrer muito e chorar bastante. Não tenho permissão para te contar mais detalhes. Deus te dará forças.

Ao acordar, Nelson lembrava-se perfeitamente daquelas palavras. Contou para os colegas do hospital. Alguns até debocharam dele. Nos dois dias que se seguiram, os colegas perguntavam:

— Nelson, tudo bem contigo? Tudo certo?

Assim, amanheceu o terceiro dia. O pai de Nelson faleceu neste dia.

Comentário

Durante cinco anos Nelson cuidou do bem-estar de Tadeu com carinho até o momento da sua passagem e ele ficou muito grato. É natural que, sabendo da partida próxima do pai dele, Tadeu o procurasse durante o sono para preveni-lo. E o fez principalmente para dar-lhe uma prova de que a vida continua depois da morte.

Estou certa de que essa visita fez com que Nelson atravessasse esse momento com mais fé, coragem e confiança no futuro.

Fenômenos mediúnicos eram comuns na vida de Márcia. Desde pequena via, conversava com os espíritos, porém seus pais e familiares não tinham conhecimento do assunto e não sabiam lhe dar as explicações necessárias.

Por esse motivo, durante certo tempo, Márcia foi envolvida por espíritos perturbados e sem ter uma orientação adequada, não queria aceitar a mediunidade e ainda não havia encontrado um lugar onde pudesse confiar e aprender a lidar com sua sensibilidade.

Ainda muito jovem, ela tinha uma prima. Ambas se davam muito bem. Eram como irmãs. Sua prima sempre a ajudava, porém, seus pais eram separados e viviam em desarmonia. O pai era um homem austero, ambicioso e não vivia bem com ninguém. Era muito materialista, avarento mesmo. Ainda em vida, dividiu todos os seus bens.

Quando a esposa morreu, os primos dividiram a parte que lhes cabia e ainda brigaram por centavos. Eram três filhos e somente a prima se dava bem com o pai e com a mãe. Nunca os desamparou, estava sempre junto deles, preocupada com a saúde e o bem-estar de cada um.

A prima de Márcia estava casada havia dez anos, mas não desejava ter filhos. O marido, desgostoso, acabou trocando-a por outra que havia ficado grávida dele.

Por esse motivo, a prima ficou muito triste, foi definhando dia a dia e, com a saúde em baixa, adquiriu uma infecção da qual não conseguiu sobreviver. Mesmo em tratamento, ela se preocupava muito com a saúde do pai e pedia para Márcia cuidar dele, caso ela viesse a falecer. Márcia acreditava na recuperação da prima, mas ela acabou desencarnando.

Isso aconteceu em 2012. O tio, cada vez mais avarento e só pensando em guardar dinheiro, acabou por se afastar de vez de toda a família. Quase ninguém tinha notícias dele.

Certa manhã, Márcia estava sozinha em casa descansando, lendo um livro. Há muito tempo não sentia os fenômenos mediúnicos. Foi então que ela sentiu a presença da prima desencarnada. A princípio ficou surpresa, mas não queria saber o que a prima queria com ela. Pensou: "Vá embora". Mas a prima se aproximou mais ainda dela, dizendo-lhe:

— Você pode ajudar meu pai? Ele precisa de amparo e só você pode ajudá-lo.

— Ajudá-lo como? Sou a pessoa que tem menos condição financeira para isso. Por que não pensou nisso antes e me deixou recursos? Vocês todos só pensavam em dinheiro...

Pressentindo que o espírito da prima iria incorporar-se nela, com muito medo, agarrou-se na poltrona e elevou seu pensamento ao seu anjo da guarda, pedindo que ele fosse o intermediário entre Jesus e ela. Em pensamento transmitiu paz para a prima e disse que faria o que ela estava pedindo. Nesse momento, tudo voltou ao normal. No dia seguinte, Márcia e o marido foram procurar o tio. Encontraram-no doente, magro, abatido, estava com depressão. Chorava muito e dizia-se abandonado. Queria ir para uma casa de repouso, pois não aguentava mais viver sozinho, sem conversar com ninguém, estava sentindo muita solidão.

O casal, então, procurou várias casas de repouso, mas não conseguiam interná-lo porque precisavam da autorização de um dos filhos de seu tio. Um dos primos morava no Canadá, o outro, em Belo Horizonte.

Márcia e o marido pegaram algumas mudas de roupas e fecharam a casa do tio. Instalaram-no na casa deles e, durante uma semana cuidaram de Álvaro, esse era o nome do tio, até que o outro filho chegasse de Belo Horizonte, assinasse a papelada e autorizasse a internação na casa de repouso.

Márcia sente-se agradecida por ter podido atender ao pedido da prima que se encontra no plano espiritual. Hoje entende que não precisava de nenhum recurso financeiro para ajudar, apenas de boa vontade. Ela e o marido sempre visitam o tio; o filho dele, vem de vez em quando de Belo

Horizonte para vê-lo; o outro, do Canadá, nunca mais deu notícias. Mas Álvaro sente-se acolhido, venceu a depressão e está muito feliz.

Acontecimentos como esse nos dão a certeza de que a vida continua após a morte do corpo físico. E lá, onde estão os entes queridos, eles nos ajudam quando precisamos.

Comentário

A mediunidade, quando bem orientada, faz com que a pessoa tenha provas sobre a eternidade do espírito, tenha fé na vida e possa enfrentar os desafios do dia a dia com coragem e discernimento.

O preconceito, a falta de conhecimento sobre a mediunidade, impedem que muitas pessoas deixem de aproveitar melhor a encarnação e possam conquistar de forma inteligente, com menos sofrimentos, o próprio amadurecimento.

Muitos acreditam que a mediunidade seja uma religião, mas na verdade, o sexto sentido é uma condição natural do ser humano e quando chega determinada hora de sua evolução, a sensibilidade se abre para que a pessoa tome conhecimento da eternidade e de como as coisas são de fato.

Apesar de haver muitos estudiosos e pesquisadores sérios do assunto e centros de estudos

onde se pode experienciar o desenvolvimento mediúnico de forma melhor, as pessoas ainda se deixam levar por crendices sobre a morte e sobre o que acontece depois.

Abrir a sensibilidade é poder sentir seu mundo interior e poder ouvir a inspiração de espíritos iluminados que se dedicam a orientar as pessoas, auxiliando-as a encontrar o próprio caminho.

Mas ao contrário do que muitos acreditam, mais do que nunca, nesses assuntos é preciso observar, ficar atento e ter os pés no chão. A verdade é sempre muito maior do que as pessoas percebem.

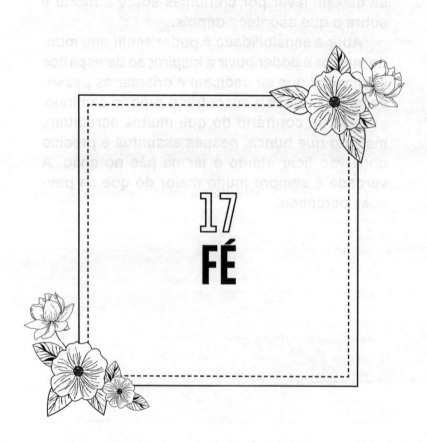

17
FÉ

Denise nasceu numa família católica e assim professou sua fé até seus dezenove anos, quando se tornou evangélica. Depois de dez anos, seu ser, faminto de aprender e compreender certas coisas, não estava satisfeito. Muitas perguntas ficavam sem resposta nessas duas religiões. Então, Denise tornou-se espírita. E foi no espiritismo que encontrou suas respostas. Começou lendo livros de autoajuda, romances espíritas de vários autores e, a partir disso, teve conhecimento mais profundo do espiritismo.

Ao tomar conhecimento da viagem astral, ficou fascinada e orou a Deus, pedindo que Ele a ajudasse a sair do corpo de forma consciente.

Numa noite, quase adormecendo, foi sentindo um ruído na cabeça e alguém lhe dizia em pensamento que ela permanecesse calma e tranquila. Um simpático rapaz, sentado ao lado de sua cama, passava suas mãos sobre ela, como se estivesse aplicando um passe. Nesse momento, ela saiu do corpo. Apalpou seu corpo, acariciou seus cabelos e começou a passear pela casa, passando por portas fechadas, completamente consciente. Foi uma experiência inesquecível.

Algum tempo depois, o dermatologista diagnosticou que Denise tinha uma lesão de pele atrás da orelha direita que deveria ser cauterizada. Ela, porém, não sentiu vontade de voltar ao médico para fazer o tratamento, mas teve a certeza de que, se Deus quisesse, Ele poderia curá-la.

Uma noite, ela saiu do corpo físico e quase instantaneamente se viu deitada numa mesa cirúrgica do plano astral. Um médico, simpático e sorridente, havia acabado de operá-la. Meio dormindo e meio acordada, ela passava a mão atrás da orelha e sentia os pontos, o curativo; pegava os aparelhos cirúrgicos e dizia:

— Eu não estou sonhando, isso realmente está acontecendo!

No dia seguinte, Denise acordou extremamente alegre e leve. Voltando ao consultório médico, foi constatado que a lesão desaparecera. Ela estava totalmente curada.

Com isso, Denise sentiu sua fé aumentar e ela tem certeza de que não estamos sozinhos, Deus e os amigos espirituais sabem o que sentimos e do que precisamos...

Comentário

Sair do corpo consciente, ver seu corpo adormecido, entrar em contato com pessoas que vivem em outras dimensões do universo, é a maior prova da eternidade que alguém pode ter. Essa experiência é tão forte que a pessoa nunca mais esquece e faz com que o medo da morte desapareça.

Durante a noite, enquanto dormimos, os espíritos de luz trabalham no atendimento dos problemas humanos e sempre que podem curam as dores, fortalecem as pessoas, inspiram ideias, doam energias, trabalhando a favor do entendimento e do bem.

É a vida, perfeita, bela, grandiosa, nos auxiliando a enxergar toda grandeza, todo o bem que representa a oportunidade de reencarnar na Terra, para conhecer a verdade e fazer escolhas certas, realizar o próprio progresso e desfrutar de uma vida mais feliz.

18
O EMPREGO CERTO

Na vida de Caio sempre aconteceram várias interferências e ajuda do plano espiritual superior, mas uma o marcou profundamente. Certa vez, ele inscreveu-se num concurso público muito concorrido. Havia mais de cem candidatos para uma vaga.

Ele, então, comprou as apostilas com as matérias que fariam parte do teste a fim de se preparar para o concurso. Estudava em todos os lugares, em casa, no metrô, em filas, sempre que tinha oportunidade, lá estava ele, com a apostila nas mãos.

No dia do exame Caio teve uma grande decepção. As questões da prova não tinham nada a ver com o que ele havia estudado. Foi reprovado. Mas, para sua surpresa, o concurso foi anulado e foi marcada outra prova. Dias antes da nova prova ele se desesperou, pensava: "O que fazer? Da outra vez esforcei-me tanto e não adiantou nada".

Nisso, lembrou-se de Deus e com toda a confiança orou:

— Meu Deus, o Senhor sabe, Seus olhos já viram todo o assunto que vão perguntar na prova, se for a Sua vontade, mostre-me o que eu preciso saber.

Uma voz respondeu-lhe que ele pegasse a apostila e lesse sobre determinado assunto, compreendesse e decorasse as coisas que estavam ali. Essa voz apagou toda sua ansiedade e insegurança.

Caio, então, com paz no coração, seguiu o que lhe fora instruído. E que maravilha, tudo o que havia estudado estava lá na prova. Ele foi um dos aprovados.

Hoje, depois de mais de três anos, Caio é muito grato a Deus por essa bênção. Adora seu trabalho e faz tudo com muito amor.

Comentário

Quando Caio pediu ajuda de Deus, ele acionou o processo de intuição que seu espírito tem e soube exatamente o que deveria estudar. Nosso corpo físico, extensão do nosso corpo astral, possui forças anímicas e instintivas, que acionadas respondem o que queremos saber, através da intuição. Essas respostas são verdadeiras, porque, ao solicitar ajuda, soube exatamente o que deveria estudar e deu certo.

Sempre que precisarmos tomar decisões e estamos inseguros, podemos acionar esse processo. Mas para isso, é preciso acreditar nessa possibilidade, manter a calma, entrar em nosso mundo interior e pedir esclarecimento sobre o assunto. A resposta virá: com palavras diretas, através de sensações ou da intuição.

Mesmo estando encarnada na Terra, a nossa alma possui a essência divina que tem ligação espiritual com as forças superiores que man-

têm o universo. É dessa forma que a fé remove montanhas.

A história de Caio prova isso. Qualquer pessoa tem esse poder e poderá recorrer a ele sempre que precisar. A vida cuida do nosso bem-estar e nos protege sempre. Ninguém está só e a vida é eterna!

19
UM GRANDE VAZIO

Casada há oito anos, Meire não tinha filhos. É verdade que já fizera alguns tratamentos e o marido também, porém, sem conseguir, desistiu de ser mãe.

Meire, apesar de ter um cachorro e dois gatos, adorar animais e ter várias plantas e vasos para cuidar na varanda, sentia um grande vazio interior. Certa noite, ajoelhada diante de um altar que tinha no corredor que dava acesso aos quartos, ela conversou com Deus:

— Deus, eu trabalho, sou honesta, tenho uma boa família, um marido bom, moro bem, mas o vazio dentro de mim está insuportável. Peço-Lhe que me mostre qualquer caminho a seguir, dê-me um sinal, estou pronta para aceitar. Estou aberta para o Senhor...

Nessa noite, ela dormiu bem e tranquila.

No dia seguinte, sua irmã apareceu em seu apartamento com um papel na mão, dizendo:

— Meire, olhe o que o porteiro do prédio me entregou.

Era um pedido simples: "Ame a natureza. Doa--se um cãozinho de dois meses, sem raça definida". No papel, além dessas palavras, o número de um telefone celular.

No mesmo instante, Meire ligou e a mulher que a atendeu lhe disse:

— Ontem à noite eu orei desesperada porque não posso ficar com esse animalzinho. Pedi que Deus colocasse no caminho desse filhote uma pessoa que precisasse de alguém, que estivesse triste e gostasse de animais... Essa foi a resposta que Deus e os espíritos superiores deram a Meire. Ela aceitou o cachorrinho com todo o amor, e cuida dele muito bem.

A partir desse dia, sua vida se transformou, o cachorro destruiu suas plantas, tirou várias coisas do lugar, bagunçou o apartamento todo e fez da vida dela um tumulto de confusões, trapalhadas e desordem! A sensação de vazio acabou e ela aprendeu a orar com fé e a se conectar com as boas energias.

Comentário

É provável que antes de reencarnar Meire já soubesse que nesta encarnação não teria filhos. Quando se está na dimensão espiritual, tendo consciência do próprio passado, o espírito sente forte a necessidade de melhorar, aprender, evoluir e aceita as condições.

No momento em que se reúne com os espíritos superiores para programar a nova encarnação, muitos espíritos exageram nas escolhas dos desafios, querendo evoluir rapidamente.

Mas os orientadores, reduzem o que eles desejam porque sabem que, uma vez encarnados, ao chegar no magnetismo terrestre, esquecidos do passado, irão agir de acordo com seu nível de entendimento. Quando as coisas não são como gostariam, muitos se revoltam, ficam mal e não aproveitam o que poderiam.

Apesar de haver aceitado nascer estéril, Meire sentia falta da maternidade e não era feliz. A infelicidade traz energias negativas que prejudicam o progresso.

Os amigos espirituais, não podendo atendê-la como ela gostaria, sabiamente mandaram-lhe um cachorro, alegre, com muita energia, que preencheu completamente o vazio de Meire. A vida sempre sabe o que faz.

20
ANENCEFALIA

Karina nasceu e sempre viveu em Salvador, Bahia. Casou-se aos 23 anos com quem ela considera ser o amor de sua vida. Ela passou todo o período da gravidez muito preocupada, uma voz lhe dizia que a criança não seria normal. Ela ficava muito triste, mas não contava nem comentava com ninguém. Tinha medo de falar. O médico lhe dizia que a criança estava bem, porém sentada e que ela teria de fazer cesariana.

Um dia, ela teve um sinal de sangue, e a certeza de que estava na hora de seu filho nascer.

Na hora em que o médico cortou sua barriga, ela ficou assustada. Percebeu que o médico e os enfermeiros estavam apavorados e corriam de um lado para outro. Logo, o médico solicitou que fosse dada uma anestesia geral e ela não viu mais nada.

Depois da cirurgia ela foi levada para o quarto, onde cochilava e delirava bastante. Num desses cochilos ela estava virada para a parede, quando o médico a chamou e disse:

— Seu filho está morto.

Naquele momento, sob efeito da anestesia, ela não se deu conta do que ocorrera, porém depois que voltou a si ficou muito revoltada, não aceitava que seu filho tivesse vivido apenas algumas horas e que ela o havia perdido.

Aos poucos, ela foi se recuperando da cesariana, mas sempre questionava a todos o que era anencefalia. Um médico explicou-lhe que era uma doença na cabeça, que o bebê nasce sem ossos, só com pele e água.

Sua família não gostava de comentar sobre o assunto e ela desconfiava de que havia mais alguma coisa que não lhe disseram sobre o bebê. Sua mãe também pedia que ela nunca mais ficasse grávida.

Um dia, Karina foi a casa de uma prima tagarela, que resolveu contar como era o bebê que ela tinha perdido.

— Ele tinha anencefalia, era um bebê anormal, cego, surdo e inconsciente, com o rosto disforme, seu cérebro praticamente inexistente e exposto.

Ouvindo isso, Karina ficou muito assustada e chocada pela situação e também porque soube que seu marido havia levado o corpinho do bebê para ser velado e exposto a quem quisesse vê-lo.

Passado o trauma, depois de cinco anos, em 2007, Karina engravidou. Com muito medo, ela fez uma promessa a Santo Antônio que, além de ser o padroeiro de Portugal e popularmente conhecido como o santo das moças solteiras que desejam casar, é também o protetor das grávidas.

Por esse motivo, mulheres estéreis e que desejam ter filhos pedem a Santo Antônio o milagre de dar à luz um bebê sadio. Se o filho nascesse bem de saúde, seria batizado na Paróquia de Santo

Antônio, em Cosme de Farias, Salvador. O bebê nasceu saudável e ela cumpriu sua promessa.

Uma noite ela teve um sonho. Estava sozinha sentada no banco de um jardim florido, com seu filho no colo. De repente, viu uma linda borboleta e encantou-se por ela. Delicadamente, Karina deitou o filho no banco e acompanhou a borboleta. Ao voltar do passeio, seu filho estava sentado no banco, com uns cinco anos. Abrindo os bracinhos para ela, falou:

— Mamãe, eu voltei, eu voltei.

Karina o abraçou e não se lembra de mais nada. Ela tem certeza de que o menino que ela tem hoje é a reencarnação do bebê falecido.

Ela não se dá muito bem com esse filho, atualmente com dez anos de idade. Apesar de ser mãe, Karina não consegue abraçá-lo nem o perdoar, porém não entende o porquê.

Comentário

Em encarnações anteriores, esse espírito deve ter se envolvido em situações perigosas, criado problemas que provocaram desequilíbrio não só no seu corpo físico, como no corpo astral, que permanece com o espírito depois da morte.

Na futura encarnação, o corpo astral do espírito, cuja função biológica é unir-se ao óvulo fecundado da futura mãe, contribuindo para que seu corpo físico possa ser exatamente o que ele precisa para a nova programação que ele vai viver. Nesse processo, qualquer lesão que o corpo astral tiver, se manifestará no corpo físico e o bebê nascerá com alguma deficiência naquele local.

Foi o que aconteceu com o primeiro filho de Karina, que nasceu com anencefalia e não sobreviveu. Ele regressou ao mundo astral, tendo deixado as energias do passado que ocasionaram sua anomalia no corpo de carne, que tem a capacidade de absorver a deficiência.

Assim, ele pode voltar a nascer, desta vez com saúde. Mas, as lembranças dos momentos difíceis do passado que Karina viveu com ele, ficaram arquivados no seu subconsciente, fazendo com que ela ainda hoje, sinta dificuldade de relacionar-se com seu filho.

A vida uniu-os de novo para que desta vez eles se entendam, consigam esquecer os problemas do passado e possam seguir adiante.

21
INCÊNDIO

Patrícia nasceu numa família espírita, em Londrina, Paraná. Todos eram kardecistas. Sua mãe, dona Magda, sempre trabalhou com os espíritos e para ela esse trabalho era maravilhoso.

Seu pai desencarnou muito jovem, aos 30 anos de idade, sua mãe continuou sua trajetória, sozinha. Ele era advogado e um ser humano excepcional, bom marido, pai maravilhoso, extremamente inteligente. Deixou a esposa e três filhos para criar. Danilo com seis, Patrícia com cinco anos e Renata com alguns meses de vida.

Magda, além de ser médium, realizava sessões espíritas em um centro perto de casa, onde recebia a orientação de espíritos amigos e do próprio marido desencarnado. O pai de Patrícia, através da esposa, costumara apresentar-se dizendo:

— Queridos irmãos, boa noite. Quem fala é Juarez Marotti Filho...

Dona Magda, atualmente com 80 anos, não participa mais das sessões espíritas, mas é independente e mora sozinha. Há algum tempo, enquanto dormia, sentiu uma mão tocar-lhe os ombros, sacudindo-a com força.

Como mora sozinha, ela, assustada, acordou, levantou-se e, do corredor, olhou para a janela da cozinha. Viu um grande clarão. Na edícula, nos fundos da casa, acontecia um grande incêndio. Imediatamente, telefonou para Renata, que mora a algumas quadras de sua casa. O Corpo de Bombeiros foi chamado para conter o fogo, já que era muito intenso.

121

Na sala, aguardando tudo voltar ao normal, Magda se encontrava muito aflita com os transtornos causados pelo fogo, quando, de repente, disse para Renata:

— Veja, seu pai... É o Juarez, seu pai que você não conheceu porque era uma bebê quando ele desencarnou.

Naquela agitação toda, Magda até se esqueceu de que Renata não poderia vê-lo, uma vez que a caçula não tinha a vidência que ela tinha. A casa precisou de reformas e Magda mudou-se provisoriamente para a casa de Renata. Certo dia, relatando o ocorrido novamente para os filhos, Juarez incorporou-se em Patrícia. Ele comunicou o seguinte:

— No dia do incêndio, Magda me viu, eu estava lá mesmo, em missão de socorro. Durante o incêndio, eu e os amigos protetores cercamos as outras dependências da casa com uma corrente de luz, fazendo, assim, uma barreira de proteção. Coloquei-me em frente à edícula e de minhas mãos saíram energias que afastaram o fogo.

Até o Corpo de Bombeiros ficou perplexo quando viu que o fogo não havia sequer atingido as paredes externas da cozinha. Um dos homens disse:

— Estou surpreso, pela intensidade das chamas, o fogo deveria alastrar-se rapidamente até a cozinha e toda a casa devia estar tomada pelo incêndio, a esta hora já estaria tudo no chão. Essa vida é mesmo um mistério!

Comentário

Está claro que foi Juarez, marido de Magda, que antevendo os acontecimentos, compareceu no local onde se daria o incêndio, levou amigos para auxiliar, e conseguiu acabar com as chamas, com tanta presteza que até os bombeiros se admiraram com o sucesso que obtiveram no local do sinistro.

Depois, no dia seguinte, ele fez questão de contar como o grupo conseguira proceder e evitar que a cozinha fosse destruída pelo fogo.

O mais importante é notar que apesar da morte do corpo, a vida continua e os laços de amor permanecem.

Os que partiram, estão sempre querendo proteger os que ficaram, mas nem sempre conseguem, porque para atuar necessitam da permissão dos espíritos superiores. Quando as pessoas precisam experimentar os fatos a fim de amadurecer, essa permissão lhes é negada.

Todavia, a mediunidade esclarecida, exercida com seriedade, é uma porta de acesso às bênçãos divinas. Espíritos iluminados que se dedicam com amor às tarefas de socorro e assistência estão à nossa volta, nos auxiliando sempre que a situação lhes é permitida.

Assim, Juarez conseguiu evitar um mal maior.

22
COÁGULO

Igor trabalhava numa loja de departamentos no bairro de Copacabana, no Rio de Janeiro. Tinha se casado com Sulamita, não por amor, mas porque ela engravidara. A gravidez dela foi normal, porém quando seu bebê foi nascer, os médicos tiveram de tirá-lo com fórceps. Isso provocou um coágulo em sua cabecinha.

Um dia, o casal foi ao médico e o diagnóstico era aterrador. O coágulo era muito perigoso e estava numa região muito difícil, não tinha o que fazer e, se estourasse, iria direto para o cérebro, causando a morte do bebê. Igor saiu do consultório arrasado. Sulamita, nem tanto. Alegando não ter paciência para ser mãe e cuidar de uma criança doente, entregou o filho nas mãos de Igor e desapareceu da vida dos dois. Igor, atordoado, nem sabia o que fazer.

Depois de uns dias, querendo apenas curar o filho, fez uma prece. Em seguida, viu que precisava ir ao mercado, mas não podia deixar Cauã sozinho.

Tomou o filho nos braços e, ao dobrar a esquina, o telefone celular tocou e ele, com dificuldade, atendeu. Era seu irmão, dizendo que iria passar no apartamento, ficar umas horas com eles. Igor agradeceu. Estava precisando de companhia.

Desligou o telefone, guardou-o no bolso e ajeitou o filho nos braços. Nisso, aproximou-se deles uma garota maltrapilha, com cerca de uns dez anos de idade. Ela lhe disse:

— Tio, deixa eu ver seu bebê, deixa eu pegar seu bebê. Deixa?

— Não, meu bem, você é muito novinha e pode derrubá-lo — respondeu Igor, preocupado.

— Tio, você o levou ao médico nesta semana, não é? Não se desespere, tio, seu filho não vai morrer.

Sem que Igor se desse conta, a garota encostou a mão na cabeça de Cauã, na região do coágulo e, apertando-o, disse-lhe:

— Ele vai ficar bem, tio, ele vai sobreviver.

— Não, querida, não mexa! Você é tão jovem, assim sozinha... cadê sua mãe? Ela deve estar preocupada, quer que eu fique aqui com você até ela aparecer?

— Não, tio, os meus pais não estão mais comigo, eles não precisam mais de mim. Onde estou não podem me encontrar — dizendo isso, a garota desapareceu no ar.

Ao chegar em casa, o irmão de Igor já estava lá. Aninhou o pequeno Cauã nos braços, depois, tirou a touca do bebê e, espantado, gritou:

— Igor! Corra! Venha ver uma coisa... o coágulo na cabeça do Cauã sumiu, desapareceu!

Muito contente, e ao mesmo tempo perplexo, o pai levou o filho novamente ao médico. Depois de vários exames, o médico ficou estarrecido, não encontrou respostas para o desaparecimento do coágulo. A criança estava muito bem.

Igor compreendeu que aquela garota era um espírito de luz, enviado por Deus para curar seu filho. Era uma mensageira da luz, uma bênção!

Comentário

Quando chega a hora de conhecer a grandeza da vida, a eternidade do espírito, as provas aparecem de forma absoluta.

Quem passa por uma emoção dessas, jamais esquece. Igor viveu uma experiência de vida tão verdadeira que desse dia em diante tornou-se capaz de enfrentar todos os desafios que surgirem no seu caminho e vencê-los.

É possível que esse coágulo tenha sido colocado no bebê apenas com essa finalidade, mas também, pode ter acontecido que tanto o pai como o filho tivessem merecimento para obterem essa cura maravilhosa.

Seja como for, tudo está certo e a fé remove montanhas.

23
RECOBRANDO A SAÚDE

Arlete teve um acidente vascular cerebral aos 60 anos, indo para a UTI de um hospital particular de renome sem nenhuma chance de sobreviver. Médicos foram consultados, porém todos deram o mesmo parecer.

No hospital, em estado semiconsciente, viu seu pai e sua mãe, já desencarnados. Em semicírculo, os dois a olhavam em silêncio.

Seu pai então lhe disse:

— Vim buscá-la. Vamos, pois os outros a estão esperando.

Ela olhou para frente e viu um arco dourado. Então, respondeu-lhe:

— Não quero ir, não. Onde está a vovó? Eu quero a minha avó Lola.

O pai saiu do quarto e logo voltou com Aurora, avó de Arlete. Em seguida, a avó aproximou-se e, sem dizer nada, começou a fazer massagens em sua testa, como fazia nela quando estava encarnada.

No dia seguinte a esse acontecimento, Arlete começou a sair daquele estado crítico e foi recobrando a saúde.

Graças à ajuda do plano espiritual ela conseguiu sobreviver sem nenhuma sequela. Isso aconteceu há dois anos.

Comentário

Nós somos livres para escolher. Arlete, naquele momento, não quis ir e foi atendida.

Chamou o espírito da avó que a ajudou a se recuperar e não lhe deixou nenhuma sequela.

Meus amigos espirituais costumam dizer que as pessoas só morrem quando perderam o prazer de viver. As falsas crenças, a insatisfação, a falta de objetivos, a permanência durante muito tempo cultivando o negativismo, o medo de ver a verdade, os desenganos, a culpa, as fraquezas do mimo, e outras tantas desilusões acabam provocando desequilíbrio, vão minando o corpo e as doenças surgem, aumentando o sofrimento. Deprimidos e infelizes, anseiam pela mudança, muitos deles acreditando que a morte seja o fim de suas dores. Mas tudo isso foi apenas o fato de eles escolherem permanecer no mal.

Todo bem faz bem e todo mal faz mal. Quem escolhe ficar na paz, na alegria, acredita no bem, procura provas nas verdades que a vida mostra, observa como as coisas são, cultiva a alegria, não leva a vida tão a sério, nem dramatiza situações, joga fora a ansiedade e acredita na vida, vive mais tempo. Envelhece com saúde, aceita os limites da idade e segue adiante, cultivando sempre o melhor.

A vida é assim. Cada um está onde se põe e escolhe como quer viver. Aproveite e analise em qual das duas situações você se encontra.

Se não estiver bem, aproveite e escolha o lado melhor. Experimente e verá!

24
FIQUE EM PAZ

Everton sempre foi um menino diferente. Tinha visões e manifestações espirituais, das quais ele gostava bastante. Para seus pais tudo não passava de fantasia ou loucura.

Em 1998, Everton conheceu Júlio e com ele selou uma grande amizade. Eles tinham muita afinidade. Alguns anos depois, em 2005, Júlio se casou com Simone e tiveram um casal de gêmeos. Era um casal bem-sucedido financeira e sentimentalmente. Júlio, no entanto, começou a sentir fortes dores de estômago, que foram se tornando cada dia mais frequentes. Foram feitos exames e diagnosticado um câncer. Ele teve de ser operado e a operação foi um sucesso, parecia que o pesadelo havia terminado. Mas logo outros tumores surgiram e ele foi novamente internado e operado. Simone sofria muito.

Na noite em que começou o horário de verão e os relógios foram adiantados em uma hora, passando da meia-noite para uma da manhã, Everton foi para seu quarto e começou a pensar naquilo tudo. De repente, ficou sonolento e começou a sentir seu espírito saindo do corpo. Mas uma mão o segurou, dizendo:

— Agora você não pode ir. Fique.

Nesse momento, ele viu Júlio, vestido com uma roupa clara, mostrando-lhe um relógio e dizendo:

— Essa é a hora em que irei desencarnar, não quero velório e desejo ser cremado.

Nisso ele voltou a si. Sentiu-se como se estivesse em transe. Correndo para o quarto da mãe, ele relatou tudo a ela, que lhe disse:

— Bobagem.

Ele estava bastante impressionado, pois não fazia nem cinco minutos que entrara no quarto. Aquilo não podia ter sido um sonho.

Na manhã seguinte, Everton foi até a casa de um conhecido e contou o que havia acontecido, finalizando:

— Isso tudo eu sonhei e, como sempre ouvi dizer que quando contamos um sonho ruim ele não acontece, resolvi contar.

Mas no dia seguinte, o telefone tocou e Everton fora comunicado sobre o falecimento de Júlio. Ele faleceu no mesmo horário que mostrou a Everton. Seu corpo não foi velado. No crematório, Simone, muito descontrolada, gritava:

— Como Deus fez isso comigo? Deus é injusto!

Passado um tempo, apesar da tristeza, Simone já estava mais conformada.

Um dia, Everton começou a sentir-se mal dentro da casa de Simone. Colocaram-no para se sentar na cadeira da cozinha, foram apanhar um copo de água e quando ele menos esperava, gritou:

— Simone!

Mas não era a voz dele e sim a de Júlio. Simone virou para ele, assustada, e Everton se via fora do corpo físico. Júlio, incorporado nele, chorava copiosamente e conversava com Simone.

Everton, de cima, observava a tudo e sentia-se muito leve, em paz. Nesse momento entrou na cozinha uma vizinha de Simone com o Evangelho nas mãos. Ela lia, mas sem fé.

Simone, não aguentando mais, sacudiu Everton e berrou com ele, que sentiu como se tivesse sido puxado para dentro do corpo. Voltou a si e as lágrimas cessaram...

Ele, muito envergonhado, pediu desculpas, achou que aquele não era o momento nem o lugar certo de passar as mensagens para a comadre.

Por várias vezes, Everton teve a mesma sensação de mal-estar. Um dia fez uma prece e um pedido:

— Por favor, Júlio, você quer se manifestar, mas me respeite, não me faça sofrer. Já o reconheci. Poupe a mim e aos seus. Deixe Nosso Senhor intervir e procure evoluir. Fique na paz!

Depois da prece, os eventos mediúnicos com Júlio nunca mais aconteceram.

Comentário

Quando comecei a estudar a mediunidade, os centros espíritas costumavam aceitar a manifestação de espíritos perturbados através dos

médiuns, para serem esclarecidos e os mentores pudessem auxiliá-los conduzindo-os ao lugar onde deveriam estar. Eu, acreditando auxiliá-los, durante certo tempo permiti que eles se expressassem através da minha mediunidade.

A invasão de um espírito desequilibrado, ignorante, maldoso, derrama sobre o corpo e a mente do médium energias negativas que temporariamente o deixam mal. Os espíritos do bem auxiliam a recompor os estragos.

Todavia, o fato de ter aberto esse precedente, faz a multidão dos espíritos perturbados, inconformados, que circula na crosta terrestre aproximar-se desses médiuns porque, ao fazê--lo, há uma troca de energias entre ambos. Enquanto o espírito sente alívio de seus problemas, o médium sente-se mal, tenta libertar--se desse assédio e nem sempre consegue completamente, uma vez que ainda conserva alguns pontos fracos que precisa vencer.

Os espíritos superiores nos dizem que antes essas práticas eram permitidas para que os médiuns pudessem experimentar as energias, sentir o que elas provocam e poderem gerenciar melhor seus pensamentos, suas ações, uma vez que o poder de escolha de cada um é absoluto.

Acrescentam que no mundo astral, tudo é organizado de tal forma que os que voltam da

Terra, são tratados de acordo com sua necessidade. Mesmo os que não aceitam orientação, embora se sintam livres, são observados e auxiliados no momento certo. Não há uma folha que caia da árvore sem ser ignorada. Tudo está certo, do jeito que está.

Os espíritos de luz nos ensinam que precisamos gerenciar nossos pensamentos, não alimentar energias negativas que abrem espaço a que espíritos desequilibrados nos envolvam. Acreditar no bem, na força positiva do nosso espírito, faz com que nossa vida seja melhor e os desafios do amadurecimento sejam vencidos.

Everton entendeu tudo isso e sabiamente decidiu não se deixar invadir por espíritos desequilibrados e ficou em paz.

25
UMA PROTEÇÃO INCRÍVEL

Beatriz descobriu que era médium aos 20 anos, quando veio morar em Belo Horizonte, Minas Gerais. Ela era de Juiz de Fora, e seus pais eram extremamente católicos.

Era 2011, ela tinha acabado de terminar a faculdade de Direito e veio para Belo Horizonte a fim de conseguir um trabalho.

Depois de alguns meses, ela conseguiu um emprego no departamento de liberação de crédito de uma loja de departamentos. Mas a vida na capital mineira não era fácil e sua situação financeira começou a ficar complicada.

Nessa época, um primo, Anderson, convidou-a para morar na casa dele, em um bairro na periferia de Betim, região metropolitana de Belo Horizonte. Embora tivesse de colaborar com as despesas, elas eram bem menores e, ainda, ela poderia estudar a questão da mediunidade, já que o primo era médium.

Beatriz perdia muitas horas dentro do transporte coletivo para ir ao trabalho e voltar dele. O bairro onde morava com o primo era tão perigoso que tinha toque de recolher às nove da noite. Os traficantes tomavam conta das ruas e adjacências. Ela sentia muito medo de andar por aquelas ruas à noite. Sempre tentava chegar antes do horário estabelecido.

Um dia, porém, Beatriz se atrasou para sair do trabalho e em virtude da chuva forte e do trânsito, passava das dez da noite e ela ainda se encontrava dentro do ônibus, próximo de onde deveria descer. De lá até sua casa eram mais dez minutos de caminhada. Mesmo apavorada ela começou a fazer o trajeto.

De longe Beatriz visualizou um grupo de homens conversando, rindo alto e brincando com uma arma. Ela teria de passar por eles.

Ela pensou em voltar e quando virou para trás, viu uma mulher. Ela vestia uma roupa branca, aparentava cerca de 30 anos, tinha cabelos lisos até a altura dos ombros, era morena e em seu olhar havia um sentimento de ternura e carinho. Ela flutuava a uma altura de trinta centímetros do chão. Nisso, Beatriz tomou coragem e decidiu passar pelos homens.

Ao passar pareceu-lhe que eles nem a viram. Ao chegar em casa ela olhou para trás e a mulher havia sumido.

Até hoje ela guarda em seu coração a imagem daquela mulher e um agradecimento profundo pela incrível proteção que recebeu naquela noite.

Comentário

Apesar do medo que sentiu, Beatriz é uma moça de fé e estava protegida pelo espírito dessa mulher. Certamente, ao sentir medo, instintivamente voltou-se para o mundo espiritual

e pediu ajuda. Então, o espírito dessa mulher mostrou-se a ela para que pudesse ir para casa em paz.

26
EXPLICAÇÕES

Em 2014, o irmão de Laís, Thiago, comunicou à família que sua namorada estava grávida e que ele iria se casar.

Marcos, o pai, ficou preocupado por eles serem muito jovens. Thiago tinha acabado de concluir a faculdade de administração de empresas e mal ganhava para sustentar-se. Muito triste, Marcos, já viúvo, disse para Laís que não aprovaria o casamento. Ela não concordou e justificou:

— Quando engravidei, o senhor exigiu que eu me casasse. O Thiago tem o mesmo direito.

Sem argumentos e sentindo-se impotente, Marcos concordou. Ele era advogado e, desde que ficara viúvo, havia três anos, trabalhava até altas horas. Não queria mais saber de casamento e tornara-se um homem mais fechado, mais triste.

Na manhã em que se realizaria a cerimônia religiosa do casamento, Marcos acordou sentindo um formigamento no braço esquerdo, enjoo e forte dor no peito. Sofreu um infarto fulminante e, quando os paramédicos chegaram a seu apartamento, já estava morto. O casamento foi adiado.

Depois de quinze dias, a família da noiva começou a pressionar Thiago. Queriam que a filha casasse logo, pois já estava tudo pago e eles tinham o sonho de levá-la ao altar.

Laís seria uma das madrinhas e não estava conformada com aquela situação. Queria impedir o casamento de qualquer jeito. Não seria justo fazer uma grande festa depois do que acontecera. Afinal, sua família estava de luto.

Thiago, pressionado pelos dois lados, não sabia qual atitude tomar. Ainda indeciso, resolveu pedir a opinião da irmã, mas Laís não cedeu.

Nessa mesma noite, ela sonhou com o pai, que lhe disse:

— Não faça nada para atrapalhar o casamento e a festa, eles têm de passar por isso, precisa ser dessa forma. Eu estou bem. Ainda não posso me encontrar com sua mãe, mas quero lhe dizer para não sofrer e não se preocupar com seu irmão. Thiago terá de passar pelos mesmos dissabores que você passou com sua sogra. Mas ele ficará bem.

Laís mudou de opinião, conversou com Thiago apoiou-o, incentivou-o a se casar e a celebrar a festa.

Hoje ela compreende que coisas que nos parecem absurdas podem ter muitas outras explicações.

Comentário

Em família, cada um pensa de um jeito e muitas vezes os conflitos aparecem. Foi preciso que o espírito do pai interferisse a fim de que Laís entendesse e aceitasse que o casamento se realizasse com tudo a que os noivos tinham direito.

Por outro lado, Marcos teve oportunidade de passar seu recado e dar-lhes uma prova de que a vida continua depois da morte do corpo. Apesar do infarto fulminante, ele estava tão bem que pôde se comunicar com a filha durante o sono. Estou certa de que ele deve também ter comparecido a esse casamento, para comemorar, sem a doença que sofrera no coração, que deveria ter deixado no corpo.

27
BICO DE PAPAGAIO

Fátima era filha de uma mãe com sentimentos muito negativos. Depois de casada, juntou-se à mãe nas reclamações. As duas viviam amarguradas. Apesar dos lamentos, elas gostavam de conversar. Falavam mal dos parentes e da vida em geral. Entretanto, sempre se preocupavam com a saúde do pai, que sofria do coração, e estavam preparadas para a sua morte.

Já a mãe de Fátima, dona Olga, era uma pessoa muito ativa, não pensava que pudesse adoecer; apesar de ter osteofitose, popularmente conhecida como bico de papagaio, nunca quis operar.

Em 2010, porém, Olga começou a passar mal. Vomitava muito. Fátima então levou-a ao hospital, onde a medicaram e a mandaram para casa, porém, seu estado piorou e sua filha novamente a internou, na Santa Casa de Santos. Lá, Olga foi operada. Depois de dois dias na UTI, um dos implantes se rompeu e, apesar de todos os esforços, Olga faleceu.

Fátima sofreu muito com a perda súbita da mãe. Depois do falecimento, ela foi para o Guarujá, passar uma temporada com um dos filhos. Lá ela chorava muito, mas seu marido nem percebia seu sofrimento. Quando voltaram para Santos, começaram a levar uma vida normal.

Um dia, o marido de Fátima estava na sala brincando com os netos e ela entrou. Todos ouviram um choro muito forte, desesperado. Seu marido, então, falou:

— Que barulho, vou ligar para o zelador e pedir que ele ligue para os moradores do andar de cima e peça que parem com essa barulheira.

Fátima sentiu a presença da mãe, e sabia que o choro era dela e não de uma criança. Nisso, resolveu ir para o quarto, trancou a porta e, ajoelhada aos pés da cama, orou, pedindo que Olga fosse embora. Por muitas vezes ela ouviu o choro desesperado da mãe pelos cômodos do apartamento. E sempre pedia:

— Mãe, por favor, vá embora.

Apesar de pedir para que Olga partisse, ela mesma não parava de chorar e não se conformava com o que havia acontecido.

Procurou um centro espírita no bairro do Gonzaga, disseram-lhe que sua mãe chorava por meio dela. Uma médium, então, solicitou que Olga fosse embora e prometeu levá-la à pátria espiritual.

Após isso, Fátima foi melhorando e se fortalecendo, acabou perdendo o pai no ano passado, mas sempre que podia conversava com a mãe sem lamentos, em paz. É grata ao plano espiritual que lhe proporcionou o entendimento das coisas e a aceitação das pessoas e de si mesma.

Comentário

Fátima tinha muita afinidade com a mãe e com a convivência passou a pensar igual a ela. As duas entregaram-se às queixas, escolhendo observar

as coisas ruins que trazem sofrimento na intenção de que fazendo isso, conseguissem evitá-lo.

Ao morrer, Olga não aceitou ir embora para tratamento com os espíritos que socorrem os recém-desencarnados e quis permanecer na casa, ao lado da filha.

Quando isso acontece, os espíritos do bem afastam-se, mas ficam observando, à certa distância. Eles sabem que essa situação é temporária e chegará o momento que ela compreenderá e desejará ir embora.

Mesmo depois de morta, as duas continuaram juntas, chorando, acreditando na dor, no sofrimento sem fim. Tal foi a força dos sentimentos de ambas que o resto da família chegou a escutar o choro e até a imaginar que algo estava acontecendo no apartamento do andar de cima.

Quando Fátima, cansada de tanto chorar, foi buscar ajuda no centro espírita, sua mãe pôde ser auxiliada. Esclarecida, Olga aceitou a separação temporária da família.

Fátima, por sua vez, tendo ficado livre das energias da mãe às quais se habituara, sentiu-se mais forte e tendo estudado a espiritualidade, mudou sua forma de ver a vida. Atualmente, consegue ligar-se com a mãe de maneira mais adequada, sem sofrer e em paz.

28
O PEDIDO

Micaela perdeu os pais num acidente aéreo, em 1996, quando tinha 10 anos de idade. Ela foi criada pela avó materna, que não era tão amável e, por esse motivo, Micaela sempre foi uma menina triste e tímida. Não enxergava nada de bom nas pessoas e, consequentemente, não se sentia feliz. Passava dias e mais dias trancada no quarto, chorando. Tivera mais afinidade com a mãe e sempre pedia para que ela viesse buscá-la. Achava que este mundo era injusto, as pessoas más, falsas e sem coração. Não era o mundo dela. Cada dia mais Micaela detestava a si mesma.

Era nervosa e descontava tudo na avó e no irmão. Sentia-se sozinha e achava que todos estavam contra ela. Dia após dia foi perdendo as energias, só dormia. Tudo a irritava. Sentia-se mal de saúde e achava que ia morrer. Rodava os consultórios e os médicos diziam-lhe que não tinha nada, apenas estresse.

Ela pensava: "Que droga! Não dá para morrer de estresse!".

Uma noite, com febre e delirando, ela viu um homem vestido de branco. Sentado em sua cama, ele a olhava, transmitindo-lhe carinho, pureza, amor paz e compreensão.

— Você vai passar por uma fase muito difícil da sua vida, vai ser muito ruim. Mas você vai aprender a dar valor a si mesma e à sua vida. Não se preocupe, você não vai desencarnar agora. Um dia ainda vai ajudar muita gente — disse ele, desaparecendo. Depois disso, ela adormeceu. No dia seguinte, piorou. Sua avó chamou o irmão dela e levaram-na ao hospital. Os médicos afirmaram que era estresse e a avó pediu:

— Tirem uma chapa do pulmão.

— Tudo bem, vou atender ao seu pedido, mas verá que não era necessário — disse o médico, em tom irônico.

Depois do raio X, o médico, perplexo, reconheceu:

— Não sei como está aguentando. Seus dois pulmões estão tomados. Ela está com tuberculose.

Micaela foi internada imediatamente. Ela achou ótimo. Parecia que seu pedido seria concretizado. Ela iria morrer.

Ficou internada durante quinze dias. Teve dores nas pernas, inquietação, não conseguia ficar parada, sentada nem deitada. O médico lhe dava calmantes, mas ela não conseguia adormecer. Ficou uma semana sem comer e sem dormir. Ninguém sabia o que fazer. De hora em hora ela tinha sensações de morte. Tudo ficava escuro, o coração disparava, perdia as forças e gritava.

Além dessas crises, não conseguia ficar parada. Quando alguém a visitava, tinha de ficar andando atrás dela. As pessoas ficavam agoniadas de ver como ela conseguia andar tanto num espaço tão pequeno. Apesar de querer ficar sentada, ela não conseguia. As horas não passavam, os segundos eram eternos.

A partir disso, ela começou a temer a morte. Queria ir para casa, mas o médico recusou-se a lhe dar alta. Sua família a amava muito e todos choravam. Assim, ela começou a se arrepender de suas atitudes anteriores e a se questionar: "Como eu nunca percebi o quanto me amam? Por que sempre pensei que me odiavam? Por que me sentia tão sozinha?".

Um dia, o médico resolveu que daria alta para ela. Não podia fazer mais nada. Em casa, Micaela também não conseguia ficar parada, não deitava, não sentava, apenas andava, andava, andava... Desesperada, pedia ajuda para a avó, que começou a reparar nas suas estranhas atitudes e no seu jeito de falar. Compreendendo o que estava acontecendo, sua avó solicitou ajuda a uma amiga espírita.

A avó de Micaela, dona Rosa, mais a amiga se reuniram e começaram a orar. Nesse momento, Micaela desmaiou. Foi assim que depois de tanto sofrimento, ela começou a se acalmar. Começou a dormir, descansar, ter paz e comer.

Como ela havia pedido que a mãe a levasse, o espírito da mãe resolveu que faria de tudo para que isso acontecesse. Ela não tinha paz por ver a filha sofrer e decidiu levá-la para junto dela. Foi difícil convencê-la de que a filha não sabia o que estava pedindo. Mas ela aceitou e foi embora, prometendo voltar caso a menina continuasse sofrendo.

Essa história mexeu bastante com a família de Micaela, que entendeu como são fortes os nossos pensamentos e sentimentos! Movem montanhas, céus e terra... chegam onde nunca poderíamos imaginar.

Hoje Micaela compreende que sua mãe continua viva em outro plano espiritual, sofrendo e comemorando junto dela suas conquistas e suas derrotas e que ela tem uma força maravilhosa que pode usar a seu favor. Atualmente, aos 30 anos, Micaela aprendeu a se dar valor por meio da dor. Mas agora consegue vislumbrar o lado bom da vida, de tudo e de todos. Está mais feliz, aliviada e começou a ter uma perspectiva do futuro, antes tão sombrio. Hoje pensa: "Morrer? Para quê? Que infantilidade desprezar a vida! Ela nos reserva tudo de melhor que Nosso Pai quer nos dar".

Comentário

Enquanto Micaela escolheu acreditar na maldade e no sofrimento, imaginando que a vida fosse cruel, permaneceu ligada com o mal e obteve como resultado dessa atitude uma situação da qual não conseguia sair.

O poder de escolha é absoluto. Somos livres para escolher, mas somos forçados a colher

os resultados das nossas escolhas. Criados à semelhança de Deus, nós todos temos o poder de criar.

Como ainda estamos mergulhados nas ilusões do mundo, temos muitas crenças falsas que interferem em nossas atitudes e fazem com que muitos dos nossos objetivos de progresso, não se realizem. Quando alguma coisa dá errado, são as leis da vida nos mostrando que estamos fora da realidade.

Em vez de afundar na decepção, esse é o momento de ir fundo nas coisas que acreditamos, para testar nossas crenças e percebermos como as coisas são.

Para isso reencarnamos neste planeta, onde tudo é mais lento e muito diferente do mundo do astral, onde a vida se manifesta com mais rapidez. Essa lentidão é para nos fazer analisar melhor nossos sentimentos e atitudes.

Todo mal faz mal e todo bem faz bem. Essa é a verdade simples e forte que, quando aceita, vai nos auxiliar a escolher melhor nosso caminho.

Micaela escolheu o caminho da dor e passou por muitos sofrimentos, se ela tivesse escolhido o bem, olhado o lado positivo das coisas, teria ido pela inteligência e não sofrido tanto. No fim ela aprendeu. E você, o que está escolhendo em sua vida?

29
O ACIDENTE

Em 2009, Juliana passava férias no Rio de Janeiro, onde nasceu. Lá estando foi visitar os pais de uma grande amiga, Aline, na cidade de Petrópolis, região serrana do Rio. Ambas moravam em São Paulo e haviam viajado de ônibus. Retornariam de carona no carro de Lucas, irmão de Aline, que também era de São Paulo. Juliana foi muito bem recebida e Lucas quis saber:

— Quem é você? Em que bairro mora em São Paulo? Como é seu nome?

— Meu nome é Juliana. Mas pode ficar tranquilo, não vou voltar para São Paulo no seu carro — ela respondeu, muito nervosa.

— Calma. Só fiz uma pergunta.

Passada uma semana, Juliana informou a Aline que retornaria de ônibus e foi comprar sua passagem. A amiga resolveu que iria voltar com ela. Lucas, para não voltar sozinho, ofereceu carona a dois conhecidos que retornavam para São Paulo.

Faltando um dia para a viagem, Lucas levou o carro ao posto para lavar, abastecer, calibrar os pneus. Tudo estava pronto. Juliana, então, chegou perto deles e perguntou:

— Será que esse carro chega a São Paulo?

— Claro, é modelo último tipo, quase zero quilômetro e, se quebrar, chamo o guincho — respondeu ele, sem entender o comentário.

No dia da viagem, Lucas e os amigos partiram cedinho. Elas deveriam pegar o ônibus às dez da manhã. Mas Juliana acordou estranha, dizendo:

— Não vou mais viajar hoje para São Paulo. Vou descer a serra e ficar mais uma semana no Rio.

— Como? Compramos a passagem para hoje — disse a amiga.

— Eu não vou.

— Como você faz isso comigo? O meu irmão já partiu e demos nossos lugares para dois conhecidos. Poderíamos economizar o dinheiro das passagens — respondeu Aline, chateada.

Na hora do embarque, apesar dos protestos da amiga, elas ainda se encontravam na cidade e Juliana tentava trocar sua passagem por outra, para o Rio, sem sucesso.

De repente, começou um burburinho, uma grande confusão ao redor da rodoviária. Um corre--corre. Polícia, bombeiros, sirenes, todos na maior agitação. A cidade não era muito grande e muitos se conheciam.

O noticiário da TV havia informado que ocorrera um grave acidente na Serra de Petrópolis. Segundo as informações da concessionária que administrava a rodovia, um veículo importado, último tipo, havia saído da pista e capotado, após o motorista perder o controle da direção. O acidente tinha acontecido na pista sentido Rio de Janeiro. Havia dois mortos e uma pessoa gravemente ferida que fora levada para o hospital de Duque de Caxias, na Baixada Fluminense.

O acidente ocorrera por volta das nove horas da manhã. Os dois mortos eram os rapazes que viajavam no lugar de Juliana e Aline. Lucas sofrera fraturas na cabeça e nas pernas, mas estava fora de perigo. Foi um dia muito agitado.

Depois do acidente, Juliana ficou mais algum tempo na casa da amiga, auxiliando a todos. Quando retornou a São Paulo, estava muito agradecida por não ter viajado naquele carro.

Mas até hoje não conseguiu entender o que deu nela naquele dia. Ela continua com muito medo e tem muitas visões sobre fatos que vão acontecer, mas não tem coragem de contar a ninguém.

Comentário

Juliana tem mediunidade de premonição. Consegue perceber coisas que vão acontecer. Todas as pessoas têm sexto sentido — a capacidade de perceber coisas fora do mundo material. Nunca lhe aconteceu de estar vivendo uma cena, e lembrar-se de já tê-la visto antes? É o famoso *dé-jà-vu*. É bem comum.

A abertura da sensibilidade faz com que a pessoa possa desenvolver seus sentidos e perceber coisas que a maioria das pessoas não veem. Conforme a necessidade do espírito de cada um e o que ele pretende fazer neste mundo, os graus da sensibilidade manifestam-se.

Quando isso ocorre é bom estudar o assunto para aprender a lidar com o processo. Há muitos livros bons de estudiosos do assunto que poderão esclarecer e auxiliar.

Momentos antes de viajar, Juliana sentiu que não deveria ir. Esse sentimento foi tão forte que ela se recusou a viajar no carro de Lucas.

É bom lembrar que nós somos espíritos eternos e que nossa alma, criada à semelhança de Deus, tem a essência divina dentro de si e a capacidade de prever os acontecimentos.

A intuição é sempre um recado da alma. Ela provoca sensações com a finalidade de evitar que algo ruim aconteça. Juliana ouviu o recado, sensibilizou-se e conseguiu escapar do acidente.

30
O ÔNIBUS DESGOVERNADO

Em meados de 2007, aos 22 anos, Sueli engravidou de seu namorado, Raul, e decidiram se casar. Os pais dela ficaram muito felizes. Para a família de Raul, porém, isso era um escândalo, mas como eles se amavam muito, passaram por cima dos obstáculos. Foram muitas calúnias e ofensas.

Sueli é negra e vem de família humilde. Seus pais são servidores da prefeitura e batalharam muito para dar sustento e boa educação a ela e sua irmã, Suellen. A família do marido é muito rica, proprietária de muitas terras no interior de Goiás. Infelizmente, com exceção de Raul e sua irmã caçula, os demais familiares são racistas. Por esse motivo, achavam-se melhores do que ela. Sueli foi muito humilhada nesse tempo.

Antes do namoro, Raul tinha comprado algumas cabeças de gado. Vendeu-as, afastou-se de sua família preconceituosa e apenas mantinha contato com Ângela, a irmã caçula que apoiava o casamento e dava-se bem com Sueli.

Dessa forma, com um bom dinheiro em mãos, Raul e Sueli puderam dar início à vida de casados com dignidade, em São Paulo. Compraram um sobrado no bairro da Vila Madalena, montaram uma lojinha de produtos naturais na parte da frente e adaptaram os fundos da casa para moradia.

No sétimo mês de gravidez, o pai de Raul faleceu. Um dos irmãos veio à capital para discutirem questões do inventário. Raul tinha saído para buscar produtos frescos de um de seus fornecedores e Sueli foi quem recebeu o cunhado.

No início, ele pareceu amável, mas assim que soube estar a sós com Sueli, começou a ofendê-la e tiveram uma grande discussão.

— Só ponho os pés nesta casa depois que meu marido estiver de volta, não mereço esse tratamento — disse Sueli, saindo aos berros.

Desnorteada, ela resolveu pegar o metrô e procurar uma amiga com quem tinha grande afinidade e morava no Alto do Ipiranga, cerca de dez estações dali. Ao descer na estação, Sueli ouviu uma voz:

— Pegue a saída lateral.

Ela obedeceu. A voz continuou:

— Suba os degraus e permaneça ao lado do ponto de ônibus.

Ela subiu as escadas e, quando se aproximava do ponto, ouviu um estrondo e olhou para trás. Um ônibus descia a rua principal. O motorista perdera o controle da direção e o veículo colidiu com a entrada principal da estação. As pessoas, assustadas e desnorteadas, corriam para todos os lados e na direção dela. Sueli abaixou-se, com medo de ser machucada, protegendo a barriga com as mãos e, intimamente, pediu a Deus que a protegesse.

Quando o resgate chegou, quiseram levá-la ao hospital, mas como ela mesma diz, graças a Deus e ao plano espiritual, tudo estava normal com ela e com o bebê.

Algum tempo depois, Sueli deu à luz um lindo garoto. Gabriel, atualmente com oito anos, é o grande amigo e companheiro do casal e adora animais. Apesar de todas as dificuldades da vida, cinco anos atrás ela deu à luz a gêmeas. Hoje se considera uma pessoa feliz, com uma família maravilhosa.

Comentário

É difícil acreditar que um ônibus em alta velocidade tenha batido na frente de uma estação de metrô e assustado tanta gente a ponto de, desnorteadas, não machucarem uma mulher grávida, e que nada de mal tenha lhe acontecido. Não deixa de ser um milagre!

Mas por outro lado, o poder da fé quando exercido com confiança, consegue interferir nas probabilidades e mudar completamente um fato que acreditamos ser impossível.

Tudo é possível para aquele que crê. O poder de escolha, aliado à fé, move montanhas.

Contudo, é bom lembrar que essa lei da vida atua sempre, tanto para o bem como para o mal. Mas você tem o conceito da avaliação e, ao escolher, colhe o resultado de suas escolhas.

Como costumo dizer, todo bem faz bem e todo mal faz mal. Simples assim.

31
FUMAÇA

Os pais de Paula se divorciaram quando ela tinha dois anos de idade. O seu pai conheceu outra mulher, constituiu nova família e ela nunca mais o viu.

Quando Paula completou sete anos de idade, sua mãe, Luísa, conheceu Orlando, professor de educação física, também divorciado. Por muito tempo viveram juntos. Ele adorava Paula e ela, particularmente, o tinha como seu verdadeiro pai. Orlando se dava muito bem com todos os familiares, inclusive com Ricardo, marido de Paula. A família era muito feliz.

Os anos se passaram e Luísa e Orlando se separaram. Apesar disso, ele continuou frequentando a casa de Paula, até que um dia, sumiu. Não deu mais notícias.

Ao investigarem o que havia acontecido, descobriram que ele falecera e fora enterrado como indigente. Todos ficaram chocados, mas como não podiam fazer mais nada, oraram por ele.

A vida continuou. Paula tinha dois filhos pequenos e todas as noites ela cumpria o mesmo ritual: antes de dormir fervia água para o chá, colocava as crianças na cama, apagava as luzes do apartamento, e ia dormir.

Uma noite, depois dos afazeres, mais cansada do que habitualmente, ela apagou as luzes, foi dormir e esqueceu-se da chaleira no fogo. Dormia profundamente e sonhou com o padrasto. Pareceu-lhe mais um pesadelo que um sonho.

Paula conversava com Orlando, que insistia para que ela corresse imediatamente, pois estava em perigo. Paula, muito assustada, gritava que ele estava morto e que ela não iria, tinha filhos pequenos e queria criá-los, mas Orlando insistia em dizer que ela estava correndo grande perigo.

Até que Paula correu e ele gritou que, se ela não fosse com ele, seria tarde demais para todos os que ela amava. Ela acordou sobressaltada e tossindo muito.

Quando deu por si, o quarto estava tomado por fumaça, um cheiro forte fazia com que ela e o marido tivessem grande dificuldade para respirar. No quarto das crianças não havia fumaça nem cheiro. Os filhos dormiam tranquilamente.

Quando chegaram à cozinha, ambos notaram a chaleira toda retorcida. A água havia secado e o fogo ainda aceso, queimava o cabo de plástico, produzindo a fumaça escura e tóxica. Eles abriram as janelas do apartamento e a fumaça acabou se dissipando.

Paula tem certeza de que foi auxiliada pelo padrasto e que, de onde ele estava, teve permissão para poder ajudá-los. Ela é muito grata aos amigos espirituais e, onde quer que Orlando se encontre, ele recebe muitas orações.

Comentário

A morte é apenas uma viagem onde as pessoas que amamos, quando seu corpo morre, regressam para outra dimensão, de onde vieram para reencarnar. Mas apesar disso, continuam ligadas aos que ficaram e sempre que podem procuram auxiliá-los.

Sei como é isso. Eu tive quatro filhos, sempre cuidei deles com disposição. Mas, nos primeiros dias, tendo o bebê de mamar a cada três horas, o sono da mãe é truncado. Em qualquer lugar que ela encoste, dorme com facilidade. Eu me recordo que uma vez, coloquei as mamadeiras na panela para ferver, e esqueci. Quando acordei com o cheiro forte de queimado, assustada, corri para desligar o fogo. A água tinha acabado e os bicos das mamadeiras estavam queimados, a cozinha enfumaçada, o cheiro horrível.

Paula passou por isso, mas não acordou e o espírito de Orlando, preocupado, tentou acordá-la, esquecido de que muitas pessoas temem a presença de espíritos. Quanto mais ele tentava levá-la para a cozinha, mais ela resistia, acreditando que ele queria levá-la para o mundo astral.

No fim, com a insistência dele, tudo ficou resolvido e certamente ela ficou muito grata a ele por tê-la ajudado, como sempre fizera.

32
A VERRUGA

Antônio Carlos morreu afogado enquanto surfava nas ondas de Saquarema, cidade localizada na região dos lagos, no Estado do Rio de Janeiro. Sua mãe, Élida, nunca se conformou com tal perda. Helena, sua amiga, dificilmente encontrava palavras para confortá-la.

Os dias passavam e Élida ficava cada vez mais revoltada e agressiva. Num dos dormitórios da casa, Élida erguera um altar com algumas lembranças do filho; na sala, pendurara uma grande tela com o desenho do rosto dele, obra que encomendara a um pintor de renome.

Em 2015, ao visitar a amiga, Helena dormiu no quarto de hóspedes. Em vigília, não sabe se acordada ou não, ela deparou com Antônio Carlos à sua frente. Mentalmente, ela recebia seu recado.

Ele pedia que ela falasse para sua mãe que ele se encontrava bem, mas estava triste por ver seu sofrimento e inconformismo diante de sua morte. Enquanto recebia a mensagem, Helena ergueu sua mão e a encostou próximo do nariz dele, tentando tirar algo que lhe pareceu uma casca de ferida.

No dia seguinte, ela contou o ocorrido para Élida, que a ouvia desconfiada. Ao contar sobre a casquinha no nariz, sua amiga disse-lhe:

— Deus, só pode ser o Antônio Carlos! Ele tinha uma verruga no nariz que ele sempre arrancava e depois de um tempo voltava. E eu sei que você não sabia de nada disso.

Helena só havia visto o rapaz uma vez e muito rapidamente. Com certeza, ele usara deste recurso para dar veracidade à mensagem que seria passada para a mãe.

Depois desse dia, Élida foi gradualmente se equilibrando emocionalmente. Ainda sente muita falta do filho, porém fala dele com ternura e acredita que um dia vai reencontrá-lo.

Comentário

Depois da morte do corpo, ao tomar consciência de que seu corpo de carne morreu, o primeiro pensamento do espírito é a vontade de dizer para os familiares que continua vivo em outro mundo. Principalmente se os familiares estiverem sofrendo muito com sua partida, inconformados, dramatizando os fatos.

Élida, além de inconformada, montou um altar em casa onde chorava suas mágoas e isso incomodava seu filho, impedindo-o de ter paz e seguir para frente na nova vida.

Quando Helena foi visitar a amiga, teve de dormir no quarto de hóspedes, ao lado de onde Élida erguera o altar. O espírito de Antônio Carlos aproveitou para mandar seu recado e acabar com aquela situação.

Ele sabia que a única maneira de sua mãe acreditar na sua mensagem seria através de uma prova de sua presença. Então, despertou a curiosidade de Helena, deixando em evidência a marca de sua verruga no nariz. Ela notou e tocou o local. Assim, ao dar o recado, Élida teve a certeza de que o filho realmente continuava vivendo no outro mundo.

33
VOVÓ MARIETA

Olívia nasceu em 1970, em Pelotas, interior do Rio Grande do Sul, onde viveu até seus 14 anos. Quando ela estava com cinco anos, seus pais mudaram-se de casa, indo residir próximos a seus avós maternos, Marieta e Euclides Vaz. Solange tinha muita afinidade com a avó e, com a proximidade das casas, essa amizade aumentou. Passavam horas conversando. Como seus pais trabalhavam fora, ela passava as tardes na casa da avó Marieta. Um dia, porém, ela foi surpreendida com a notícia de sua morte. Sua mãe disse-lhe que Marieta fora vítima de um ataque do coração. Apesar de ainda ser uma criança, até hoje ela se lembra da grande sensação de vazio em seu peito.

Depois do velório, ao dormir, Olívia viu sua avó entrar no quarto para se despedir dela. Trajava o mesmo vestido azul de bolinhas brancas que usava sempre, mas quando ela se aproximou de sua cama, Olívia assustou-se e acordou. Anos mais tarde ela compreendeu que naquela noite estivera fora do corpo físico.

Já em Porto Alegre, em 2011, Olívia voltou a ter notícias da avó, de forma inesperada e justamente em um momento de grande necessidade afetiva. Ela caminhava nas ondas agressivas de um casamento quase em total dissolução. Um dia, começou a sentir fenômenos paranormais acontecerem. Passou a fazer viagem astral com consciência, ver e ouvir espíritos. Todos os contatos vinham em forma de tratamento, cirurgia espiritual, enfim, auxílio. Nessa ocasião, um amigo que estudava o assunto indicou-lhe o livro *Projeciologia*, de Waldo Vieira. Ela não hesitou, foi a uma livraria especializada, encontrou o livro e o comprou. A partir daí começou a entender o que estava vivenciando. Isso abriu portas para que ela procurasse no espiritismo todas as respostas de que necessitava. Semanalmente, frequentava a Federação Espírita, beneficiando-se dos passes magnéticos e, depois disso, dirigia-se a alguma livraria.

Num desses dias, ela encontrou um livro de Chico Xavier e, folheando-o, encontrou uma mensagem de um jovem que dizia: "A vovó Marieta está comigo e me recomenda estarmos unidos na mesma faixa de esperança. É preciso sintonizar a estação da alma na emissora da fé viva em Deus".

Para Olívia, essa mensagem não foi apenas uma prova da continuação da vida após a morte do corpo físico, mas também uma mensagem de força, fé e esperança. Marieta provou à neta que o amor pode atuar em qualquer tempo e dimensão.

Comentário

Olívia tinha muita afinidade com a avó Marieta e mesmo sendo criança, procurava sua companhia. Sentia prazer em conversar com ela. É

provável que a amizade entre as duas fosse o resultado de boa convivência em outras vidas. Tanto que no momento de sua morte, foi despedir-se dela, que nunca a esqueceu. Mesmo depois da morte, Marieta continuou bem próximo dela, inspirando a neta e querendo que ela soubesse o quanto a apoiava, fazendo-a encontrar traços de sua passagem através das mensagens de Chico Xavier, indicando livros de estudos para que Olívia aprendesse a lidar com a própria mediunidade e conquistasse o progresso espiritual que veio buscar nesta encarnação. E, pelo que ela mesma nos conta, está conseguindo.

34
VOLTEI PRA CONTAR!

Isabel sempre foi uma pessoa muito cética, com muitas dúvidas em relação à vida após a morte do corpo físico. Acreditava que morreu, acabou. E quando surgia esse assunto, ela afirmava:

— Ah! Não sei se existe vida após a morte, porque até agora ninguém voltou pra contar.

Na festa de *réveillon* da virada do milênio, em 31/12/2000, entre amigos, todos fizeram um pacto: quem morresse, voltaria para contar para os outros como era. Assim, o assunto foi esquecido.

Em 2010, porém, Hélio, um dos integrantes do grupo que fizera o pacto, desencarnou. Como ele e Isabel eram os únicos solteiros da turma, eram muito unidos. Isabel ficou profundamente abalada, muito triste, foi uma perda dolorosa.

Três anos depois, Isabel foi com uma amiga tomar passe em um centro espírita e gostou do ambiente acolhedor. Lá fez cursos sobre mediunidade, aprendeu a viver melhor, a prestar mais atenção na vida, a pensar mais, questionar e analisar os acontecimentos...

Ainda com dúvidas quanto à vida após a morte, um dia ela sonhou com Hélio. Eles estavam juntos sentados no banco traseiro de um carro, todo feito de vidro. Hélio contava como era a morte e como haviam sido seus últimos momentos de vida. Ele dizia:

— Isabel, momentos antes da morte, eu senti um medo muito grande, enorme, uma coisa imensa e, de repente, esse medo se transformou numa coragem incrível, eu relaxei e pronto...

— Bem, você me contou sobre o antes da morte e o momento da morte, mas e depois da morte?

— Oras, depois da morte, nada! Nós viemos para cá, onde estou. A única diferença é que nos tornamos invulneráveis, nada mais pode nos atingir.

— Então, se cair um raio ou uma pedra lá do céu, posso esconder-me atrás de você que estarei protegida? — Isabel perguntou, rindo.

Nesse instante o sonho acabou, mas Isabel ficou muito impressionada, durante vários dias não pensava em outra coisa, até que se esqueceu.

Um dia, conversando com uma amiga no centro espírita, veio o assunto da vida após a morte e quando ela ia repetir que, embora já tivesse participado de algumas sessões, nunca ninguém voltara para contar e, imediatamente, veio à sua mente aquele sonho, como se Hélio estivesse ao seu lado, repetindo:

— Eu voltei, mas você não acreditou! Não adiantou nada!

Isabel, então pensou: "Mas foi um sonho". Ao que Hélio respondeu:

— É claro, né? De que forma você queria que eu voltasse?

Depois disso, e estudando com seriedade os fenômenos espirituais, Isabel percebeu que Hélio tinha toda a razão.

Comentário

Quando os espíritos querem se comunicar com os que estão encarnados, é mais fácil procurá-los durante o sono. Mas só acontece se a pessoa tiver relativo equilíbrio emocional e consiga desligar-se do corpo com naturalidade, para que o corpo descanse, refaça suas energias, receba auxílio dos espíritos do bem que trabalham nesse processo e acorde bem-disposto e em paz.

Se ao deitar para dormir, você ficar remoendo problemas na cabeça, procurando soluções, imaginando o pior, além de não conseguir, poderá ter pesadelos. Acordará cansado, indisposto. Mesmo que alguém no astral deseje auxiliá-lo, não conseguirá fazer contato.

Sem falar daqueles que se irritam com qualquer coisa, são mal-humorados e adoram uma discussão, que durante o sono vão brigar com seus desafetos, muitas vezes chegando às vias de fato, no astral.

Por incrível que pareça, isso é muito comum acontecer. No dia seguinte, ao acordar, o corpo está pesado, cansado e a pessoa fica mal. Antes de dormir, é bom relaxar, deixar ir todos os pensamentos e problemas do dia. Acalmar as ideias, ligar-se com os espíritos de luz, confiar e acreditar na vida.

Os desafios do dia a dia são muitos e quando um acaba, logo surge outro. É através deles que a vida nos ensina a aprender como as coisas são. É o conhecimento da verdade que nos faz ir pela inteligência, acertar nas escolhas e sofrer menos. Quando você se esforça para melhorar, os velhos medos do passado reaparecem. Mas se você persistir no bem, gerenciar sua vida dessa forma, abrirá espaço para que os espíritos de luz, que desejam auxiliá-lo, possam procurá-lo durante o sono não só para darem uma mensagem de apoio como para levá-lo em uma viagem pelo astral, para que conheça um plano superior e saiba o que o espera no futuro quando conseguir vencer suas fraquezas. Quem faz uma viagem astral para um lugar melhor, nunca mais esquecerá. Pense nisso. Escolha o melhor e trabalhe para que sua vida seja mais equilibrada e mais feliz.

Os espíritos dos que morreram, voltam sim, não só para contar como podem fazer para ajudar.

35
O PINHEIRO

Essa história aconteceu há cerca de cinquenta anos. Os avós de Alicia chegaram ao Brasil, vindos da Espanha em meados da década de 1960. Havia mais de um ano vivendo no Brasil, a avó começou a ter desmaios frequentes. A família consultou vários médicos, fez muitos tratamentos, mas nada adiantou. Não descobriam o que ela tinha. Vários centros espíritas foram visitados, mas nada foi resolvido. Nessa época, eles tinham como vizinhos um casal, cuja filha de sete anos, ao encontrar Josefa, a avó de Alicia, se escondia atrás da mãe, muito assustada e nervosa. Chorava e dizia que não queria olhar aquele homem com a camisa ensanguentada, que estava ao lado de Josefa.

Por esse motivo, eles continuaram a percorrer outros Centros, até que encontraram um bom e humilde. Ali os trabalhos surtiram efeitos positivos. O médium perguntou ao espírito que acompanhava a senhora:

— Quem é você? Por que está atrapalhando a vida de dona Josefa?

— Eu sou tio da Alicia. Estou ferido e preciso de ajuda. Caí de um pinheiro com uma faca, cortei-me, estou sangrando e ninguém vem me socorrer — falava de forma enrolada, num sotaque carregado.

Alicia sabia que um tio havia ficado na Espanha e, de pronto, não entendeu o que relatava ao médium, pois pensava que Paco ainda estivesse vivo.

185

Dois meses depois, a esposa de Paco enviou uma carta da Espanha, contando toda a tragédia tal qual tinha sido revelada pelo próprio falecido naquele centro espírita.

Comentário

Alicia e toda sua família não sabiam por que sua avó passava mal e ninguém descobria a causa. Foi a filha de um casal vizinho, com sete anos de idade que muito assustada disse que tinha medo do homem ensanguentado que estava ao lado de dona Josefa. Então, eles foram pedir ajuda em um centro espírita.

Interessante notar, que muitas crianças, durante os primeiros anos, percebem a presença de espíritos desencarnados. Algumas delas brincam com amigos que os pais julgam ser imaginários, mas podem ser espíritos de amigos que comparecem para auxiliá-los no seu desenvolvimento. Geralmente depois dos sete anos de idade, isso desaparece.

Na vida, tudo acontece no tempo certo. Mesmo indo ao centro espírita, Josefa demorou para melhorar. Talvez ela não acreditasse que seu mal-estar fosse provocado por alguém que já morreu e Paco, o espírito, mesmo sofrendo, sentia medo e não queria deixar este mundo.

Ambos, permanecendo durante certo tempo recebendo as boas vibrações das orações no centro espírita, ouvindo as palestras e os casos de outras pessoas que passaram pelo mesmo problema, acabaram entendendo e cada coisa foi para o devido lugar.

Dois meses foi o tempo necessário, conforme a carta que receberam da Espanha, para confirmar as provas que já tinham recebido do plano espiritual.

36
APARIÇÃO

Apesar das dificuldades enfrentadas durante a vida, em 2005, Agnes conseguiu comprar uma *van*. Então começou a organizar viagens com grupos de senhoras para o litoral Sul de São Paulo, duas vezes por semana. Ia e voltava, sem grandes surpresas.

Numa tarde, desceu sozinha a serra com o marido para curtirem a praia e jantarem num restaurante à beira-mar. Após o jantar romântico, ela e Pedro entraram na *van* e subiram a serra para a capital. Durante o trajeto, os dois conversavam animadamente, trocando juras de amor. Já na divisa com a cidade de São Bernardo do Campo, avistaram algo muito branco. Agnes perguntou, sem obter resposta:

— Pedro, o que será aquilo branco? Será uma placa de estrada?

O marido espremeu os olhos, contudo, percebendo a aflição da esposa, foi diminuindo a velocidade do veículo. Ao ficarem mais próximos, Agnes notou que era algo que se mexia. Pedro olhou pelo retrovisor, viu que não vinha carro algum e reduziu bastante a velocidade, acionando o pisca-alerta. Cada vez mais próximos, Agnes percebeu que se tratava de uma mulher.

Agnes, em pensamento, implorava para que ela saísse da frente, senão seria atropelada. Pedro reduziu ainda mais a velocidade, mas não tinha a intenção de parar, eles temiam um assalto, comum naquela parte da estrada, onde assaltantes costumavam lançar pedras do alto das pontes ou viadutos sobre o para-brisa dos carros.

De acordo com Agnes, a mulher tinha cabelos pretos, lisos e compridos, trajava um vestido branco que ia quase até os pés, estava descalça e seu corpo flutuava a certa altura do chão. Entre os braços parecia que levava uma cruz com alguns dizeres escritos em branco.

Agnes, desesperada, gritou:

— Para, por favor, para!

Mas Pedro seguiu em frente, atropelando-a. Ao chegarem a um local mais claro e seguro, estacionaram a *van* no acostamento para verificar se havia algum sinal de amassado no para-choque. Nada foi encontrado. Não haviam atropelado ninguém, a mulher simplesmente havia sumido no ar.

Pedro tentou tranquilizá-la. Agnes, porém, muito assustada, pegou o celular e imediatamente ligou para os filhos para checar se os três estavam bem. Pensou que isso pudesse ser algum aviso. Mas todos estavam bem, felizmente.

Passado um ano, Agnes começou a ouvir vozes, que solicitavam que ela fizesse várias coisas, algumas quase impossíveis, mas ela sempre acatava aos pedidos e, hoje, não se arrepende.

Comentário

Em seu depoimento, ao relatar o fato, Agnes não esclarece direito se Pedro também teria visto a mulher de branco na estrada. É provável que só ela tenha visto, uma vez que ao perguntar, Pedro não respondeu.

Mas ela viu e isso prova que sua sensibilidade se abriu e ela começou a ter contatos com os espíritos e a partir daí, dedicou-se com sinceridade e fé a trabalhar para a espiritualidade e sente-se muito bem.

37
AMIGO ILUMINADO

Aconteceu quando Sophia ainda era bem jovem e nem sonhava em conhecer seu atual marido. Ela subiu no ônibus com destino à escola de contabilidade e sentou-se ao lado de um senhor bem idoso, todo vestido de branco. No trajeto, ele puxou conversa e perguntou se ela acreditava no espiritismo. Naquela época, ela nada entendeu.

— Olha, daqui a pouco vou descer e você nunca mais vai me ver. Mas preste atenção, se algum dia você engravidar, não tente tirar. Você vai ter uma missão muito importante — disse-lhe o senhor.

Sophia, muito cética, começou a rir e pensou consigo mesma: "Engraçado, quem será esse velhinho?".

Ao voltar da escola e entrar em casa, comentou com os familiares e, durante muitos anos, esqueceu-se daquele episódio.

O tempo passou e ela conheceu Ivan, com quem se casou em 1992 e, um ano depois, nasceu Valentina. Em 1995, engravidou novamente, porém, devido às dificuldades não queria outro filho. Decidida, resolveu abortar.

Na sala para efetuar a retirada do feto, surgiu forte em sua mente a visão daquele velhinho... Vendo-a nervosa, o médico mandou-a para casa e pediu que ela retornasse à clínica no dia seguinte. Ela não voltou e resolveu deixar a gravidez seguir adiante.

Arthur nasceu de cesárea e, apesar das complicações, aparentemente era uma criança normal. Aos cinco anos, porém, ele caiu da bicicleta e bateu a cabeça. Depois de consultar vários médicos, Sophia, finalmente, encontrou o médico que seria seu protetor e amigo. Seu filho, então, foi operado de um tumor cerebral, causando-lhe uma pequena sequela, que não o impediu de estudar, brincar, enfim levar uma vida razoavelmente normal. Ao completar 15 anos, Arthur passou mal e foi constatado novo tumor. Ele foi operado novamente. Sua sequela aumentou. Ele ficou um bom tempo internado e seu pós-operatório não foi nada fácil. Durante três anos ele fez muita fisioterapia e quando estava recuperando sua coordenação motora, chegando aos 18 anos, outro baque. Arthur estava com outro tumor. Veio nova operação e ele, embora bastante limitado na coordenação motora, procura dar o melhor de si.

Lembrando-se do velhinho, Sophia sabe que ele só pode ter sido um espírito enviado pelos amigos espirituais. Seu filho é um instrumento que Deus mandou para que, por meio do sofrimento, ela encontrasse forças e acreditasse que Ele não dá fardo pesado para quem não possa carregá-lo.

Sophia tem seu filho como grande exemplo de vida, cada dia que passa ela aprende mais com ele, que é uma pessoa iluminada, meiga e amiga.

Ela só tem a agradecer a Deus por ter lhe enviado esse espírito que veio orientá-la para que seus erros do passado não aumentassem ainda mais.

Comentário

Sophia ainda acredita que a vida a cobre pelos erros que cometeu. A vida é misericordiosa, não castiga ninguém, sabe que cada pessoa tem o poder da escolha. É assim que cria o próprio destino. Cada escolha que faz, ela experimenta o efeito e para conhecer a verdade. É errando e aprendendo que as pessoas vão conhecendo como a vida funciona e escolhendo com mais lucidez o próprio caminho.

Este caso demonstra a importância da reencarnação de Arthur, filho de Sophia, mesmo antes de ela engravidar. Tanto que o espírito se materializou ao lado dela, em um ônibus, para pedir-lhe que não o abortasse.

Ele surgiu para prepará-la para essa eventualidade, com muita antecedência o que demonstra que já naquela época o espírito dele, ainda vivendo no astral, deveria estar em tratamento, se preparando e se fortalecendo, para poder enfrentar esses desafios.

Pelos problemas difíceis que Arthur vem enfrentando, e o tanto de ajuda espiritual que vem recebendo, dá para entender como é importante para esse espírito enfrentar todas essas dificuldades e seguir adiante.

O fato de ele enfrentar com coragem e paciência suas vicissitudes e ser uma pessoa meiga e de sentimentos elevados, revela que ele se preparou muito antes de nascer para vir e vencer todas as dificuldades.

Certamente, quando tiver de deixar este mundo, estará mais iluminado e feliz. Recebendo-o como filho, dedicando-se com carinho, Sophia, muito provavelmente, em outras vidas tenha feito parte do passado dele. Mas mesmo que isso não tenha ocorrido, ficou claro que, como mãe, ela o ama e vem se dedicando com muito carinho ao seu bem-estar e certamente, está aprendendo bastante com essa experiência. A vida sempre faz tudo certo.

38
COINCIDÊNCIA?

Davi e Bianca são primos e trabalhavam na mesma empresa, uma loja de roupas no Bom Retiro, região central da capital paulista. Era o ano de 2011. Na hora do almoço, Bianca pegava a quantia do caixa, checava com o relatório do sistema e ia para o banco depositar. Ao constatar que o dinheiro do caixa era menor que do relatório, ficou nervosa, pois as quantias deveriam ser idênticas. Ela ficou muito chateada e sumiu, mas Davi, mais experiente com aqueles relatórios, resolveu procurar o erro.

Resolvido o problema, ele foi procurá-la. Encontrou-a encolhida, sentada na porta da loja, falando sozinha, chorando. As pessoas passavam na calçada e achavam estranho.

Davi pediu ao dono da loja, Rubens, para ficar ali no balcão, que ele iria levar a irmã até uma padaria ali perto, para tomar um suco e acalmar os ânimos.

Ao vir o dono da loja, Bianca teve novo surto e gritou:

— Faça com que esse homem pare de me maltratar, será que ele nunca vai me perdoar? Eu não tive culpa e agora essas pessoas vão me matar. Pelo amor de Deus, ajude-me, não deixe que eles me matem. Eu não tive culpa. Eu não posso sair daqui, senão eles vão me encontrar...

Depois de ir para a padaria e tomar uma água com açúcar, ela se acalmou e voltou a si, sem entender o que havia acontecido.

Para Rubens, a situação era ainda mais complicada, pois, apesar de ouvir falar sobre espiritualidade, ele era resistente ao assunto. Achava que Bianca deveria ser tratada por um psiquiatra. Eram muitas as dúvidas de Davi:

— Por que isso havia acontecido? É possível acontecer uma regressão espontânea? Se aconteceu uma vez, poderá acontecer outras vezes? Qual seria o motivo de um acontecimento dessa ordem? Poderia ter sido alguma intervenção espiritual?

Em meio a tantos questionamentos, Bianca ainda revelou a Davi que naquele dia os via de forma diferente. Eram outros rostos, outro lugar, outra situação.

Eles acreditam que tenham uma forte ligação com Rubens, pois a vida deles cruzara-se de forma inesperada. Muitas situações vividas por Rubens foram também vividas por Bianca e Davi. Isso não é mera coincidência.

Comentário

A situação não ficou muito clara. Eles não relataram apenas os fatos, mas tentaram interpretá-los, o que dificultou um pouco a análise.

Acreditaram estar revivendo uma situação que acontecera em outras vidas, quando os três vivenciaram essa situação. O fato de acreditar que faltava dinheiro no caixa pode ter feito Bianca lembrar-se daquela situação novamente.

Por outro lado, pode ser também que Bianca, estando em fase de desenvolvimento da mediunidade, tenha sido envolvida pelo espírito de uma mulher e sem saber controlá-la, não teve como evitar sua manifestação.

Davi afirma que as situações que eles viveram não podem ter sido mera coincidência. Se ele acredita, certamente aconteceu.

39
MISTÉRIOS

Casada com Miguel por trinta anos, Laura foi muito amada e feliz. Eles formavam um belo casal, muito unido. Entendiam-se apenas pelo olhar. Ao todo foram três filhos, dois meninos e uma menina. Um mês depois de completar trinta anos de casados, Miguel começou a passar mal. Levado às pressas ao hospital, ele teve um infarto, foi operado e colocou cinco pontes de safena. Foi um momento muito difícil para Laura. Ela sentiu que seria o fim, chorava muito e olhava para o céu, dizendo:

— Deus, por que essa injustiça logo comigo?

Depois de três dias, Miguel teve uma insuficiência renal aguda e entrou em coma. Foi um fim de semana de agonia, mas Laura sabia que ele iria embora. Seu tempo havia terminado.

Ela, no entanto, não tinha como dizer isso a ninguém. Passou o sábado e o domingo sem comer, sem dormir. Deitada, apenas olhava o relógio e esperava o dia de sua partida. Os filhos diziam:

— Você não acredita em Deus? Papai é forte, vai ficar bom.

No domingo à noite, Laura encontrava-se deitada, com os olhos fechados, mas ouvindo tudo o que acontecia ao seu redor. De repente, deparou com Miguel em pé, ao lado da cama.

Ele vestia uma camiseta azul e calça brim também na mesma cor. Olhava para todo o cômodo, como se estivesse despedindo-se.

Ao lado dele, havia um senhor vestido de branco. De repente, o senhor desapareceu e Miguel começou a entabular uma conversa com a esposa.

— Farei uma viagem — dizia ele, gesticulando.

— Cuide de tudo, você ficará muito bem.

— Fique tranquilo. Eu ficarei bem. Pode ir.

Conversando e seguindo em direção à porta do quarto, ele desapareceu. Laura olhou o despertador da cabeceira que marcava duas horas da manhã. Ela ficou esperando a notícia chegar, sentindo imensa tristeza. Às seis da manhã de segunda-feira, ela viu o senhor de branco que acompanhara Miguel, parado ao pé da cama.

— Filha, chegou a hora — disse ele, com olhar suave e voz meiga.

— Sim, estou pronta.

Ele sumiu e ela, que adormecera depois de tantas noites sem dormir, acordou com o telefone tocando ao lado do criado-mudo. Era do hospital, avisando que Miguel tinha acabado de falecer.

Apesar de todo o sofrimento e revolta, Laura acabou por entender que o tempo dele aqui na Terra havia acabado.

Assim, ela deu continuidade à sua vida. Depois de um ano de sua morte, Laura sonhou com o marido. Era um local lindo, maravilhoso, como um paraíso. Miguel chegou por trás dela e encostou

204

seu rosto no dela. Tudo era muito real para Laura. Ela sentia seu cheiro, seu perfume, sua respiração.

— Eu te amo — disse ele.

— Eu também te amo. Espere-me, porque um dia vou me encontrar com você.

Assim, ele sumiu e ela acordou sentindo seu cheiro e a frieza em seu coração desapareceu. Em vida, muito raramente Miguel dizia que a amava, afirmava que o amor tinha de ser demonstrado por gestos e intenções. Esses são mistérios que existem entre o Céu e a Terra.

Comentário

Quando o amor é verdadeiro, a vida flui do melhor jeito. Juntos, tiveram três filhos, que criaram com carinho e devotamento. Usufruíram trinta anos de felicidade, mas quando chegou o momento da separação, souberam entender e superar.

Estou certa de que ambos eram pessoas que conheciam a espiritualidade, sabiam que o espírito é eterno e que a separação seria temporária.

Conhecer as verdades da vida auxilia, liberta, fortalece e faz com que possamos enfrentar as dificuldades com coragem, paciência, na certeza de que tudo acontece sempre para o melhor.

40
ESTRANHAS
SENSAÇÕES

No início de janeiro de 2011, Heloísa, o marido e as gêmeas de cinco anos foram visitar uma tia querida dela, em Nova Friburgo, região serrana do Rio de Janeiro. No meio do trajeto, depois que Rafael, seu marido, já tinha deixado Niterói, onde residiam e seguia pela estrada, Heloísa começou a sentir algo estranho. Pensou:

— Será que vamos sofrer algum acidente?

Felizmente, nada aconteceu.

Nos dias que se seguiram, na casa da tia, ela continuava a sentir sensações estranhas. Um dia, ao caminhar pela Praça do Suspiro, ela sentiu como se alguém a sacudisse e falasse:

— Vai acontecer alguma coisa grave!

Com muito custo ela se conteve para não estragar o passeio. Na noite de terça-feira, após o jantar, começou a chover, devagar, mas logo a chuva veio torrencialmente. Todos ficaram impressionados.

Heloísa sentia-se cansada e logo se entregou a um sono profundo, porém foi acordada de madrugada pelo seu marido, Rafael, dizendo:

— Que temporal! A chuva está demais! Não ameniza.

Não conseguia responder nada nem permanecer acordada. Seus olhos estavam cheios de lágrimas.

Ao amanhecer, a chuva tinha diminuído. As emissoras de TV anunciavam que uma grande tragédia havia acontecido não só em Nova Friburgo, o município mais atingido pela força das águas, mas também em Petrópolis e Teresópolis. Desabamento de morros, casas e barracos destruídos, carros soterrados.

No total, mais de 900 mortos e cerca de 350 desaparecidos, tornando-se o maior desastre climático da história do país. Dois dias depois do temporal, as sensações que ela sentia, desapareceram. Heloísa não entendeu o que havia sentido. Seria pressentimento? E o sono profundo? As lágrimas? Teria ela se desprendido do corpo físico para ajudar aqueles irmãos?

Comentário

Diante dos acontecimentos naquela noite, Heloísa deve ter sido chamada para ir auxiliar as pessoas que passavam por essa tragédia. O sono profundo, significa que ela deve ter sido convocada pelos espíritos para auxiliá-los nesse atendimento. Pode ser até que ela já tenha sido levada a essa viagem, exatamente para essa finalidade.

Tanto que durante a viagem, ela já sentiu algo que prenunciava o acontecimento. A vida é amorosa e embora as tragédias possam ocorrer pela falta de previsão humana, os espíritos, em um momento de necessidade, juntam as pes-

soas que podem auxiliar e procuram aliviar o sofrimento de todos.

As lágrimas de Heloísa ao acordar, revelam o quanto ela se comoveu com as cenas que presenciara. Mas, certamente, sentiu-se bem pela oportunidade de ajudar e colaborar.

41 LIÇÕES DA VIDA

Melissa e Theo se casaram e, depois de um ano, conseguiram juntar dinheiro suficiente para dar entrada no financiamento de um imóvel. Melissa se dava muito bem com Sílvia, sua irmã e a convidou para visitarem a casa que ela e o marido desejavam comprar.

O imóvel era estranho, parecia que o antigo dono havia saído às pressas, largando tudo para trás: roupas, sapatos jogados, restos de comida sobre a pia da cozinha.

O proprietário contou-lhes que sua filha e seu genro, os antigos moradores da casa, tinham um filho de seis anos, e esse menino, do nada, começou a adoecer, definhar e, com a possibilidade de um tratamento inovador, ainda em testes, para crianças que sofriam daquele mal, a filha, desesperada em salvar o único filho, não quisera nem fazer a mudança. Saíram em disparada, deixando muita coisa para trás.

Sílvia teve a sensação de que o casal parecia ter fugido da casa, como se algo terrível tivesse acontecido, mas ficou quieta. Melissa e Theo fecharam o negócio.

Quando Melissa deu à luz a Gustavo, Sílvia ia visitá-la quase todos os dias. Vez ou outra, Sílvia sentia-se observada por alguém, porém não comentava nada, pois seu cunhado era muito medroso.

Sílvia voltou para sua casa e um dia Melissa contou-lhe que ouvia vozes, passos e luzes acendiam-se inesperadamente. Ela pediu a Sílvia que orasse por eles.

Em uma noite, Theo ligou apavorado para Sílvia. Não conseguia nem falar. Ela pegou o carro, passou na casa de uma amiga espírita e, juntas, chegaram na casa da irmã. Theo a esperava no portão da garagem e foi contando:

— Tem alguém no quarto do Gustavo! A luz acende e apaga sozinha. Os bonecos cantam, os brinquedos tocam sozinhos, o trenzinho apita. Ao entrar lá, sinto um grande arrepio. Sem dúvida, está acontecendo algo estranho.

Sílvia e a amiga, Dora, entraram na casa. Dora acalmou Theo, deu-lhe um passe calmante e, enquanto Sílvia ficou ali com ele, Dora subiu até o andar de cima. Viu Melissa em sua suíte, abraçada a Gustavo, que dormia sem nada perceber. Ela sorriu e foi na direção do quarto do bebê.

Dora sentia a presença de uma entidade, sabia que não estava ali para fazer mal, tinha uma energia delicada. Percebeu se tratar de um espírito de um menino de cerca de 13, 14 anos. Orou, pediu ajuda e duas moças apareceram. Disseram que haviam tentado levá-lo, mas ele se recusava a ir. Estavam precisando receber vibrações de orações para levarem o adolescente.

Dora e Sílvia sempre vão lá e oram por todos, mas Melissa e Theo se recusam a procurar ajuda espiritual e proíbem qualquer comentário sobre os fatos que continuam ocorrendo. Eles têm muito medo, não possuem o conhecimento necessário para lidar com o caso.

Comentário

Sílvia, assim como amiga Dora, com toda boa vontade, fazem suas orações, mas os fatos continuam a se manifestar, o que significa que estão ali com outros objetivos. O mais provável é que chegou a hora dos moradores tomarem conhecimento da vida espiritual e enquanto eles resistirem, as manifestações continuarão acontecendo, até que eles decidam estudar o assunto. Há quem tenha muito medo de lidar com os espíritos, porque, ao reencarnar esquecem o passado e duvidam da vida após a morte. Mas essa é uma verdade que em determinado tempo será revelada a cada um, no processo de evolução. A sensibilidade se abre e a pessoa terá de estudar o assunto para aprender a lidar com as energias que estão à sua volta e manter o próprio equilíbrio.

Esse é um processo lento, que continuará por várias encarnações, dependendo das escolhas de cada um. Mas à medida que o espírito em suas vivências, vai obtendo provas da eternidade, acelera seu amadurecimento.

Evoluir é o objetivo da vida. Como o espírito é eterno, escolha o que escolher, faça o que fizer, leve o tempo que desejar, no fim, alcançará a felicidade.

42
A MULHER DA SAIA RENDADA

Apesar de estar com 40 anos, Yolanda ainda se lembra de um fato ocorrido em 1982, quando ela tinha cinco anos de idade.

Ela morava em Bauru, no interior do estado de São Paulo, e seus familiares tinham por hábito hospedar parentes e amigos por algum tempo. Yolanda se sentia sozinha, pois seu irmão, dez anos mais velho, já tinha a sua turminha de amigos. Ela adorava quando as visitas vinham com crianças, era uma alegria só. Certa ocasião, sua tia, que tinha um bebê de alguns meses foi passar um tempo com eles. Era irmã de sua mãe e seu marido havia ido trabalhar temporariamente numa empresa cuja filial ficava na cidade. Douglas, o bebê, era adorável e enquanto sua mãe e a tia conversavam sobre vários assuntos, Yolanda deliciava-se brincando com ele, que era risonho, tinha grande olhos azuis e uma carinha linda.

Yolanda emprestou-lhe o berço que havia sido seu e que ficava dentro de seu quarto. O bebê dormia com ela. Ela amava bebês e eles brincavam bastante. A felicidade de ambos estava estampada no rostinho deles.

Uma noite, Douglas acordou e não parava de chorar. Quando a mãe o colocava no berço, ele chorava. A tia, cansada e achando ser mimo, acabou por deixá-lo chorando. Yolanda observava tudo. O pequenino chorou por algum tempo.

De repente, ela percebeu a porta do seu quarto abrir, mas quem entrou não era nem sua mãe nem sua tia e sim uma moça alta, magra, de cabelos cacheados, usando um conjunto de blusa e saia vermelhas. Ela não a conhecia e nunca a havia visto, mas se lembra de ter ficado impressionada de como a moça rodopiava a saia com elegância. Ela aproximou-se do berço, começou a balançá-lo e a cantarolar baixinho. Olhou-a e sorriu. Yolanda não sentiu medo, apenas curiosidade. Depois de alguns segundos, o bebê acalmou-se e dormiu. Isso aconteceu por várias noites. Apesar disso, Yolanda não se lembrava de contar para a mãe e para a tia.

Numa tarde, sua tia, conversando com sua mãe, comentou que a técnica de deixar o bebê chorar, havia funcionado. Ao que Yolanda respondeu:

— É que a tia da saia rendada vem cantar para ele todos os dias e balança o berço até ele dormir.

— Que negócio é esse? Que mulher de saia vem cantar para o bebê? — perguntou a mãe de Yolanda.

A menina contou para elas o que acontecia todas as noites em seu quarto, mas a mãe zangou-se, afirmando que à noite as portas ficavam trancadas e ninguém entrava ali.

Apesar da insistência, ela acabou desacreditada por todos. Nessa mesma noite, quando o bebê começou a choramingar, a mãe de Yolanda e sua tia abriram a porta do quarto e lá ficaram observando. Não viram nada. Ficaram no corredor à espreita e não perceberam nenhum movimento estranho. Só que a moça estava lá e sorria para Yolanda. A mãe dela voltou ao quarto e lhe disse:

— Se você continuar contando suas histórias vai apanhar, está ouvindo?

A menina, todas as noites, continuou vendo a moça, porém não falou mais nada. Os anos passaram e o assunto foi esquecido. Ela cresceu, casou-se, teve uma filha...

Mas seu primo Douglas, tornou-se alcoólatra, vivia falando sozinho pelas ruas. As pessoas zombavam dele e diziam que a bebida o fazia ver pessoas e falar sozinho. Ele foi internado por várias vezes, mas não melhorava.

Um dia, muito bêbado, apareceu na casa de Yolanda. Como a estava importunando, ela o levou até o quintal e o deixou sentado numa cadeira. De onde estava ela podia observá-lo.

De repente, ele começou a discutir com alguém. Yolanda aproximou-se dele e pôde ver aquela mesma moça da saia rendada que ela via embalando-o no berço.

— Me larga! Vou para casa quando quiser. Vá cuidar da sua vida. Você não me deixa em paz, vive atrás de mim. Vê se me esquece! — dizia Douglas.

Assim, Douglas levantou-se e quis ir embora, acompanhado por aquela moça que o amparava.

217

Depois de relutar um pouco, Yolanda contou detalhadamente para sua mãe o que havia presenciado. Ela ficou surpresa, pois sabia que a filha já era uma pessoa idônea e responsável. A tia também foi informada e ambas resolveram ir a um centro espírita para fazer uma consulta. Lá foram informadas de que a moça era a mentora de Douglas. O primo trazia um carma de outras existências ligado à bebida, e precisava de muita ajuda e oração. Corria grande perigo. As tentativas de convencê-lo a comparecer ao centro espírita foram em vão. E, infelizmente, num dia, completamente embriagado ele foi atropelado e veio a falecer.

Na cabeça de Yolanda ficaram algumas dúvidas, que ela tenta dissolver: "Por que pessoas bondosas, caridosas e atenciosas, como o primo, não têm a ajuda de que precisam?".

Comentário

Yolanda está enganada quando diz que Douglas não teve a ajuda de que precisava. Ele foi, sim, muito auxiliado, tanto que havia do lado dele um espírito amoroso que o acompanhava pacientemente, a fim de evitar que ele, sob efeito do álcool, se machucasse. Mas, essa amiga dedicada, não tinha permissão para intervir na escolha de Douglas.

Ele já fora um alcóolatra em vidas anteriores e certamente antes de reencarnar, prometera se esforçar para resistir ao vício e vencer essa sua fraqueza. Mas ao voltar aqui, não resistiu ao prazer que isso lhe causava e voltou a beber. A escolha é livre. Cada um escolhe como quer viver, mas colhe os resultados de suas atitudes. A vida é funcional e só trabalha por mérito. Cada espírito tem a missão de cuidar de si. É ilusão imaginar que estamos neste mundo para ajudar os outros. Poder auxiliar alguém é prazeroso, mas só faz bem quando a pessoa merece e é feito com inteligência.

Este é um assunto delicado que precisa ser muito bem entendido, porquanto auxiliar alguém que não merece, poderá dar mau resultado. Intervir em um desafio de alguém, quando ele foi colocado lá para ajudar a pessoa aprender, é trabalhar contra a vida e a pessoa assumirá parte do mal que deseja evitar.

Só quando Douglas usar a própria força para deixar o vício do álcool, é que vai conseguir seguir adiante, ter uma vida melhor. Quanto antes ele reagir e se esforçar para conquistar o equilíbrio, mais depressa conquistará a alegria e a paz.

Ninguém precisa chegar ao fundo do poço para decidir tomar posse da sua vida. Essa é uma escolha de cada um.

COMENTÁRIO FINAL

Os casos apresentados neste livro foram estudados sob o foco da espiritualidade, procurando dar uma ideia de como os espíritos de luz conseguem interferir na vida das pessoas, utilizando os recursos energéticos naturais e respeitando as leis cósmicas que a regem.

O intuito deles é abrir nossas mentes para essa realidade, na certeza de que esse conhecimento será decisivo para nos motivar ao esforço de enfrentarmos, com coragem, os desafios do amadurecimento.

A maturidade de nosso espírito nos fará enxergar a grandeza da vida e descortinará a todos nós um futuro de progresso e luz, a que estamos fatalmente destinados, tornando-nos capacitados a contribuir, de maneira objetiva e eficiente, a favor da vida.

Faço votos de que esta leitura lhe dê a chance de perceber e sentir a natureza eterna de seu espírito, atinando que nele está guardado tudo de que precisa para cumprir seu glorioso destino e acreditando, verdadeiramente, na própria capacidade, mesmo em um mundo onde os valores, atualmente, estão invertidos.

E assim, que ele tenha a ousadia de permanecer no bem maior e escolher sempre o melhor.

Com votos de alegria e luz,

Zibia Gasparetto.

São Paulo, 30 de outubro de 2017.

GRANDES SUCESSOS DE
ZIBIA GASPARETTO

Com 20 milhões de títulos vendidos, a autora
tem contribuído para o fortalecimento da literatura
espiritualista no mercado editorial e para a popularização da
espiritualidade. Conheça os sucessos da escritora.

Romances
pelo espírito Lucius

A força da vida

A verdade de cada um

A vida sabe o que faz

Ela confiou na vida

Entre o amor e a guerra

Esmeralda

Espinhos do tempo

Laços eternos

Nada é por acaso

Ninguém é de ninguém

O advogado de Deus

O amanhã a Deus pertence

O amor venceu

O encontro inesperado

O fio do destino

O poder da escolha

O matuto

O morro das ilusões

Onde está Teresa?

Pelas portas do coração

Quando a vida escolhe

Quando chega a hora

Quando é preciso voltar

Se abrindo pra vida

Sem medo de viver

Só o amor consegue

Somos todos inocentes

Tudo tem seu preço

Tudo valeu a pena

Um amor de verdade

Vencendo o passado

Crônicas

A hora é agora!

Bate-papo com o Além

Contos do dia a dia

Pare de sofrer

Pedaços do cotidiano

O mundo em que eu vivo

O repórter do outro mundo

Voltas que a vida dá

Você sempre ganha!

Coleção – Zibia Gasparetto no teatro

Esmeralda

Laços eternos

Ninguém é de ninguém

O advogado de Deus

O amor venceu

O matuto

Outras categorias

Conversando Contigo!

Eles continuam entre nós vol. 1

Eles continuam entre nós vol. 2

Eu comigo!

Em busca de respostas

Pensamentos vol. 1

Pensamentos vol. 2

Momentos de inspiração

Recados de Zibia Gasparetto

Reflexões diárias

Vá em frente!

Grandes frases

Rua das Oiticicas, 75 — SP
55 11 2613-4777

contato@vidaeconsciencia.com.br
www.vidaeconsciencia.com.br